STARK

TRAINING
HAUPTSCHULE

Simon • Brandes • Fritz • Simon

Deutsch

Aufsatz

8./9. Klasse

STARK

Dieser Band wurde nach den Regeln der neuen Rechtschreibung abgefasst.

ISBN: 3-89449-115-9

Inhalt

Fortsetzung nächste Seite

Autoren:

Herausgeber: Dr. Peter Simon
Mitarbeit: Ursula Brandes, Reinhard Fritz, Brigitte Simon, Dr. Peter Simon

Vorwort

Liebe Schülerin, lieber Schüler!

Aufsätze schreiben heißt nachdenken, entwerfen, schreiben und verbessern. Dabei will dir dieses Buch helfen.

Lies dir die folgenden Hinweise ganz besonders aufmerksam durch! Das ist sehr wichtig! Darin erfährst du, was du für die spätere Arbeit mit dem Buch wissen musst. Es lohnt sich also, die nächsten Seiten nicht einfach zu überblättern.

Beim Aufsatzschreiben hast du es mit verschiedenen Problemen zu tun, die du dir bewusst machen musst. Allerdings gibt es so verschiedenartige Aufsatzformen und Aufsatzthemen, dass man nicht jede Aufgabenstellung in diesem Buch behandeln kann.

Hier sollen vielmehr solche Hilfen gegeben werden, die man bei jedem Aufsatz, ganz unabhängig vom speziellen Thema, brauchen kann.

Es handelt sich um praktische Ratschläge, wie du beim Aufsatzschreiben vorgehen kannst und wie du deine Aufsätze gestalten kannst.

Viel Erfolg beim Lernen mit diesem Buch wünscht dir

Dr. Peter Simon (Hrg.)

Zum Umgang mit diesem Buch

Der Umgang mit diesem Buch ist ganz leicht: Auf den ersten Seiten findest du ein **Inhaltsverzeichnis**, in dem du dich über die einzelnen Aufsatzarten und die dazugehörigen Themen im Überblick informieren kannst.

Dann folgen die **Hinweise**, die du hoffentlich genau gelesen hast, denn dort stehen als Vorbereitung auf die Bearbeitung der einzelnen Kapitel verschiedene praktische **Ratschläge** zum Aufsatzschreiben und zur Gestaltung von Aufsätzen.

Im Hauptteil findest du dann viele **Übungsthemen**. Jedes Thema ist Teil eines Übungskapitels, in dem **Hilfen** zur Lösung der Arbeitsaufgaben gegeben werden.

Da es sich bei den Aufgabenstellungen immer um Aufsätze handelt, können in diesem Buch keine „richtigen“ Lösungen gegeben werden, wie beispielsweise bei einer Mathematikaufgabe. Denn jeder Aufsatz ist ein persönliches Produkt des Verfassers, was zur Folge hat, dass es viele richtige **Lösungen** gibt.

In diesem Buch werden daher in erster Linie Strategien (Vorgehensweisen) angeboten, wie man die Aufgabenstellungen angehen kann.

Jedes Übungskapitel ist gleich aufgebaut:

- Zunächst wird auf einer einleitenden Seite die **Aufgabenstellung** abgedruckt.
- Die folgende Seite enthält konkrete **Ratschläge zur Bearbeitung** der Themen, wobei erläutert wird, was durch die Befolgung dieser Ratschläge erreicht werden kann.
- Danach kommen **Beispielaufsätze**, in denen gezeigt wird, wie ein Aufsatz aussehen kann, der zu der betreffenden Aufgabenstellung passt.
  Sie sind nur **ein** Beispiel, wie man das gestellte Thema angehen kann. Es gibt noch viele andere Möglichkeiten, die genauso gut sind. Deshalb gibt es auch nicht nur eine richtige Lösung, sondern viele. Die abgedruckten Beispielaufsätze dienen daher vor allem auch dazu, dass du die gegebenen Ratschläge an einem praktischen Beispiel ausgeführt sehen kannst.

- Den Beispielaufsätzen folgen jeweils **Übungsseiten**. Die Aufgaben der Übungsseiten setzen die Ratschläge zur Bearbeitung der Themen praktisch um.
  Das heißt: Zu jedem Ratschlag gibt es eine Übungsaufgabe, die dazu auffordert, den betreffenden Gesichtspunkt in dem jeweiligen Beispielaufsatz zu entdecken.
  Auf diese Weise bleiben die Ratschläge nicht nur Theorie (Gedanken), sondern werden praktisch angewandt.
- Die Antworten und Lösungen zu den Übungsaufgaben können am Ende des Buches (ab Seite 213) nachgeschlagen werden.

Hier findest du nochmals den 6-teiligen Aufbau für jedes Thema im Überblick:

1. Teil: Das Thema mit der Aufgabenstellung
2. Teil: Ratschläge zur Bearbeitung der Aufgaben a und b

3. Teil: Beispielaufsatz zu Aufgabe a
4. Teil: Übungsseite zur Aufgabe a

5. Teil: Beispielaufsatz zu Aufgabe b
6. Teil: Übungsseite zur Aufgabe b

Hinweise zum Aufsatztraining

Praktische Ratschläge zum Aufsatzschreiben

Vom Kennenlernen der Aufgabenstellung **bis zur Abgabe des fertigen Aufsatzes** sind es **fünf Schritte**. Wenn du dir diese Schritte bewusst machst und dich beim Anfertigen deines Aufsatzes danach richtest, hast du schon ein gutes Stück zum Gelingen deiner Arbeit geschafft.

1. Schritt: Die Auswahl des richtigen Themas

Meistens werden dir verschiedene Themen zur Auswahl gestellt, von denen du eines bearbeiten musst. Jedes Thema liegt schriftlich vor und enthält oft einen Informationsteil und die Aufgabenstellung.

Der **Informationsteil** kann aus Texten oder Bildern bestehen, bei denen es um ein bestimmtes Thema oder Problem aus deiner Lebenswelt oder der öffentlichen Diskussion geht.

Der **Aufgabenteil** enthält die Arbeitsanweisungen für die Bearbeitung des Themas. Manchmal umfasst diese Aufgabenstellung mehrere Teile.

So kannst du dabei vorgehen:
- Lies als erstes die Themenvorschläge genau durch!
- Überlege zu jedem Thema, welche Schreibideen dir dazu einfallen!
- Wähle das Thema, zu dem dir die besten Ideen gekommen sind!

2. Schritt: Die Erschließung des Themas

Bevor du mit dem Schreiben des Aufsatztextes beginnen kannst, musst du dir das Thema gedanklich erschließen. Das bedeutet, dass du dir darüber klar werden musst, welche Gesichtspunkte in dem Thema stecken, die beim Schreiben zu berücksichtigen sind.

So kannst du dabei vorgehen:
- Lies die Aufgabenstellung nochmals genau durch!
- Achte darauf, ob in den Formulierungen Hinweise auf Gesichtspunkte stecken, die man nicht vergessen darf!

- Notiere in Stichwörtern, welche Gesichtspunkte dir zu dem Thema einfallen!
- Entscheide, welche Art Schreibauftrag gestellt ist und welche dazu passende Zeitform du wählen musst!

3. Schritt: Das Schreiben des Aufsatztextes

Wenn du Stichwörter gesammelt hast, bringst du sie am besten zunächst in eine sinnvolle Reihenfolge. Das geht dann besser, wenn du sie nach Zusammengehörigkeit in Gruppen zusammenfasst. Wenn du darüber nachgedacht hast, wie du deinen Aufsatz beginnen könntest, kannst du dich daranmachen, ein Textkonzept daraus anzufertigen, wobei dir deine Stichwörter sicher helfen.

So kannst du dabei vorgehen:
- Entscheide dich, wie du deinen Aufsatz einleitest!
- Fasse deine Stichwörter in Gruppen zusammen!
- Bringe diese Stichwortgruppen in eine sinnvolle Reihenfolge!

4. Schritt: Die Überarbeitung des Aufsatztextes

Wenn du die rechten Ideen hast, wirst du den Text flott niederschreiben und nur manchmal zum Nachdenken unterbrechen. Wenn nicht, wirst du viele Male ins Stocken geraten, nachdenken, verbessern, weiterschreiben. In beiden Fällen wird das Produkt deiner Arbeit jedoch noch nicht in der Form sein, dass man es zur Bewertung abgeben könnte. Leider meinen dies aber viele Schülerinnen und Schüler und verschenken durch die zu frühe Abgabe ihrer Arbeiten noch bessere Noten. Vielmehr ist es wichtig, dein Textkonzept jetzt zu überarbeiten und dadurch zu verbessern!

So kannst du dabei vorgehen:
- Überarbeite deinen Text inhaltlich! Dabei musst du prüfen,
  - ob dir noch weitere Gesichtspunkte einfallen,
  - ob du Textstellen besser schreiben kannst,
  - ob du mit der Reihenfolge deiner Darstellung zufrieden bist,
  - ob du die vorgegebene Aufgabenstellung erfüllt hast.

- Überarbeite deinen Text sprachlich! Dabei musst du prüfen,
  - ob du genügend treffende, aussagekräftige und schmückende Wörter verwendet hast,
  - ob du zur Sache passende, angemessene Fachausdrücke oder Redewendungen benutzt hast,
  - ob du bei den Satzeinleitungen genügend abgewechselt hast,
  - ob dir keine unnötigen Wortwiederholungen unterlaufen sind,
  - ob du die gewählte Zeitform überall eingehalten hast.
- Überarbeite die Form deines Textes! Dabei musst du prüfen,
  - ob du nach der Einleitung und vor dem Schluss einen Absatz gemacht hast,
  - ob du deinen Hauptteil in Teilabschnitte durch Einrücken des Zeilenanfangs oder Leerlassen von Zeilenenden gegliedert hast,
  - ob du keine Rechtschreibfehler gemacht oder Satzzeichen vergessen hast.
- Markiere dir alle Absätze, freie Zeilen und Fehler am besten mit einem Farbstift, damit du sie bei der Reinschrift nicht übersiehst!

5. Schritt: Die Reinschrift deines Aufsatztextes

Nach der Überarbeitung kannst du deinen Text sauber niederschreiben, also die Reinschrift vornehmen. Dabei musst du vor allem darauf achten, dass du die markierten Absätze mit Leerzeilen und Einrückungen nicht vergisst und Rechtschreibfehler vermeidest.

So kannst du dabei vorgehen:

- Schreibe deinen überarbeiteten Text in Reinschrift!
- Achte dabei auf Absätze durch Leerzeilen und Einrückungen!
- Bemühe dich beim Schreiben um ein sauberes Schriftbild!
- Kontrolliere deine Reinschrift vor der Abgabe nochmals auf Rechtschreibfehler, Flüchtigkeitsfehler und vergessene Satzzeichen!

5 Schritte zum Vorgehen beim Aufsatzschreiben:

1. **Die Auswahl des Themas**
   - Lies als erstes die Themenvorschläge genau durch!
   - Überlege zu jedem Thema, welche Schreibideen dir dazu einfallen!
   - Wähle das Thema, zu dem dir die besten Ideen gekommen sind!
2. **Die Erschließung des Themas**
   - Lies die Aufgabenstellung genau durch!
   - Achte darauf, ob in den Formulierungen Hinweise auf Gesichtspunkte stecken, die man nicht vergessen darf!
   - Notiere dir in Stichwörtern, welche Gesichtspunkte dir zu dem Thema einfallen!
   - Entscheide, welche Art Schreibauftrag gestellt ist und welche dazu passende Zeitform du wählen musst!
3. **Das Schreiben des Aufsatztextes**
   - Entscheide dich, wie du deinen Aufsatz einleitest!
   - Fasse deine Stichwörter in Gruppen zusammen!
   - Bringe diese Stichwortgruppen in eine sinnvolle Reihenfolge!
   - Schreibe deinen Aufsatztext möglichst flüssig und verwende dabei deine Stichwörter!
   - Finde einen passenden Schlussteil für deinen Aufsatz!
4. **Die Überarbeitung des Aufsatztextes**
   - Überarbeite deinen Text inhaltlich!
     Zu prüfen sind: weitere Gesichtspunkte, bessere Formulierungen, Reihenfolge, Erfüllung der Aufgabenstellung
   - Überarbeite deinen Text sprachlich!
     Zu prüfen sind: Wortwahl, Fachausdrücke, Satzeinleitungen, Wortwiederholungen, Einhaltung der Zeitform
   - Überarbeite die Form deines Textes!
     Zu prüfen sind: Absätze bei Einleitung und Schluss und innerhalb des Hauptteils, Rechtschreibfehler, Satzzeichen
   - Markiere dir alle Absätze, freie Zeilen und Fehler am besten mit einem Farbstift, damit du sie bei der Reinschrift nicht übersiehst!
5. **Die Reinschrift**
   - Schreibe deinen überarbeiteten Text in Reinschrift!
   - Achte dabei auf Absätze durch Leerzeilen und Einrückungen!
   - Bemühe dich beim Schreiben um ein sauberes Schriftbild. Achte auf Rechtschreibfehler, Flüchtigkeitsfehler und vergessene Satzzeichen!

Praktische Ratschläge zur Aufsatzgestaltung

1. Ratschlag: Gliedere deinen Aufsatztext!

Dieses Beispiel macht dir klar, worum es geht:

Vielleicht hast du folgende Erfahrung auch schon gemacht: Du sollst einen Text lesen, aber es reizt dich gar nicht, dies zu tun, weil er so lang ist. Er schreckt dich ab! Die Hersteller eines Buches wissen das und teilen deshalb beim Druck die Textseiten in Abschnitte ein. Schlage ein ganz beliebiges Buch auf und du findest dies bestätigt. Warum das so ist, kannst du aus den folgenden Abbildungen erkennen. Wie wirken die beiden Flächen auf dich?

Die linke Abbildung besteht aus einer einzigen schwarzen Fläche. Sie wirkt langweilig, weil sie fürs Auge keinerlei Unterbrechung und Muster hat!

Die rechte Abbildung ist in ihrer Grundfläche ebenfalls schwarz. Sie ist aber unterteilt. Diese Gliederung macht sie viel interessanter!

Du lernst daraus:
Gegliedertes wirkt interessanter als Ungegliedertes!

Die beiden folgenden Zahlenbeispiele machen dir eine weitere Wirkung der Gliederung klar.

123456789 123456789 135791357 913579246 824682468 987654321 987654321	Wenn du diese Zahlenreihe liest und überblickst, wird dir bestimmt nicht gleich auffallen, wie sie aufgebaut ist! Vielleicht erkennst du aber, wie diese Zahlenreihe aufgebaut ist, wenn du dich länger damit beschäftigst. Unten findest du dieselbe Zahlenreihe nochmals.

Unten ist die Zahlenreihe in 3 Hauptabschnitte gegliedert, und der längere mittlere Teil ist nochmals in 2 Teilabschnitte untergliedert. Jetzt erkennst du ganz leicht den Gedankenaufbau dieser Zahlenreihe, ohne dass du dich sehr lange damit beschäftigst:

123456789 123456789	Der 1. Teil enthält zweimal die Zahlenreihe 1 bis 9
135791357 913579	Der Mittelteil enthält im 1. Teilabschnitt nur ungerade Zahlen, dreimal von 1–9
246 824682468	Der Mittelteil enthält im 2. Teilabschnitt nur gerade Zahlen, dreimal von 2–8
987654321 987654321	Der letzte Teil enthält zweimal die Zahlenreihe rückwärts, von 9 bis 1.

Du lernst daraus:
Gegliedertes lässt den Gedankenaufbau leichter erkennen!

Beim Aufsatzschreiben ist es genauso:

Wenn du deinen Text gliederst, dann wirkt er trotz seiner Länge nicht langweilig, sondern interessanter und übersichtlich. Und dein Gedankenaufbau wird durch die Gliederung in Abschnitte für den Leser deutlich, ohne dass er sich lange damit beschäftigen muss.

Merke dir: Dein Aufsatz braucht eine Gliederung!
Dann wirkt er auf den Leser nicht langweilig und dein Gedankenaufbau wird sofort klar!

So kannst du gliedern:

Beim Gliedern in Abschnitte hilft dir das Beispiel der Zahlenreihe auf der vorigen Seite. Um diesen Gedankenaufbau klar werden zu lassen, musst du zwei Gliederungsformen unterscheiden.

Zur Übersichtlichkeit eines Aufsatzes gehört zunächst eine Gliederung in **Hauptabschnitte**.

Der erste Hauptabschnitt ist die **Einleitung**.
Dieser Teil ist kurz und führt zum Thema hin.
Lasse im Text eine Zeile frei, wenn deine Einleitung zu Ende ist!

Der letzte Hauptabschnitt ist der **Schluss**.
Dieser Teil ist ebenfalls kurz und schließt das Thema ab.
Lasse im Text eine Zeile frei, bevor du mit deinem Schluss beginnst!
Durch die freien Zeilen werden die Hauptabschnitte deutlich herausgestellt und das Lesen deines Textes erleichtert.

Der mittlere Hauptabschnitt ist der **Hauptteil**.
Dieser Teil ist länger und enthält deine eigentlichen Überlegungen zu dem Thema. Wegen seiner Länge untergliederst du ihn am besten in einzelne **Teilabschnitte**, damit er leichter überschaubar wird.

Und so findest du Textteile zur Untergliederung:

Als Teilabschnitte eignen sich Handlungen, die man als Teile der ganzen Handlung oder der Überlegungen ansehen kann, die im Hauptteil dargestellt werden.

Manchmal sind es auch bestimmte Wörter, die erkennbar machen, dass ein neuer Teilabschnitt beginnt.

Solche **Signalwörter** sind zum Beispiel: anfangs, zunächst, zuletzt, schließlich.

2. Ratschlag: Vermeide Wiederholungen!

Dieses Beispiel macht dir klar, worum es geht:

Da du schon viele Jahre die Schule besuchst, hast du viele Erfahrungen damit gemacht, wie die Lehrerinnen und Lehrer ihre Unterrichtsstunden beginnen.
Hier findest du eine kurze Gegenüberstellung, wie die fünf Unterrichtsstunden eines Vormittags in zwei verschiedenen Schulklassen mit gleichem Stundenplan begonnen wurden.

Klasse A	Klasse B
1. Stunde (Geschichte) Beginn: Der Lehrer erzählt eine Geschichte aus früherer Zeit.	1. Stunde (Geschichte) Beginn: Der Lehrer lässt das Buch aufschlagen und einen Text daraus vorlesen.
2. Stunde (Englisch) Beginn: Der Lehrer erzählt Witze, in denen die Wörter der letzten Stunde vorkommen.	2. Stunde (Englisch) Beginn: Der Lehrer lässt das Buch aufschlagen und einen Text daraus vorlesen.
3. Stunde (Deutsch) Beginn: Der Lehrer bereitet die Lesebuchgeschichte durch ein kleines Spiel vor.	3. Stunde (Deutsch) Beginn: Der Lehrer lässt das Buch aufschlagen und einen Text daraus vorlesen.
4. Stunde (Erdkunde) Beginn: Der Lehrer zeigt Bilder des Landes, das neu durchgenommen werden soll.	4. Stunde (Erdkunde) Beginn: Der Lehrer lässt das Buch aufschlagen und einen Text daraus vorlesen.
5. Stunde (Biologie) Beginn: Der Lehrer beschreibt das Tier, das er behandeln möchte, durch ein Rätsel.	5. Stunde (Biologie) Beginn: Der Lehrer lässt das Buch aufschlagen und einen Text daraus vorlesen.

Wenn du dich entscheiden solltest, in welche der beiden Klassen du lieber gehen möchtest, würde dir die Wahl bestimmt nicht schwer fallen. Sicher würdest du gerne in die Klasse A gehen. Dabei kennst du nur den Beginn der Stunden und weißt nicht einmal, wie der Unterricht weitergeht. Aber der sehr abwechslungsreiche Stundenbeginn in der Klasse A lässt erwarten, dass auch der weitere Unterricht abwechslungsreich und interessant ist. Der phantasielose, immer gleiche Beginn in der Klasse B macht jedoch nicht neugierig darauf, wie es weitergeht, und lässt kaum eine interessante Fortsetzung des Unterrichts erwarten.

Auch fortwährende Wiederholungen im weiteren Verlauf der Unterrichtsstunde haben dieselbe Wirkung. Du musst dir nur vorstellen, deine Lehrer würden dich den ganzen Vormittag lang immer wieder aus den Schulbüchern der einzelnen Unterrichtsfächer abschreiben lassen. Das würde dir bestimmt schnell langweilig werden und du würdest kaum Spaß an diesem Unterricht haben.

Du lernst daraus:
Ein abwechslungsreicher Beginn macht neugierig darauf, wie es weitergeht! Wiederholungen dagegen langweilen und machen keinen Spaß!

Beim Aufsatzschreiben ist es genauso:

Beginnst du deine Sätze häufig mit demselben Wort oder sind deine Sätze immer gleich aufgebaut oder verwendest du öfters die gleichen Wörter, dann machst du den Leser deiner Aufsätze bestimmt nicht neugierig darauf, wie dein Aufsatz weitergeht. Und du weckst bei ihm nicht Spaß beim Lesen, sondern Langeweile!

Merke dir: Dein Aufsatz braucht Abwechslung!
Dann wirkt er auf den Leser nicht langweilig, sondern weckt Neugier und macht Spaß!

So kannst du Abwechslung erreichen:

1. Tipp:

Aufsätze, in denen die Sätze öfter mit dem gleichen Wort beginnen, wirken langweilig. Zur Abwechslung kann man verschiedene Anfangswörter benutzen.

> Die **Anfangswörter** können aus einem einzelnen, kurzen Wort oder aus einem Ausdruck bestehen, der mehrere Wörter umfaßt.
>
> Beispiele:
>
> Morgens ... In der letzten Nacht ...
> Später ... Am frühen Morgen ...

2. Tipp:

Beim Aufsatzschreiben verwendet man oft Sätze, die aus einem Hauptsatz und Nebensatz bestehen. Dein Aufsatz wirkt besser, wenn du die **Reihenfolge** der beiden **Teilsätze** abwechselst. Vergleiche diese beiden Beispiele:

Wenn der Wecker morgens klingelt, bin ich immer noch sehr müde.

Ich bin immer noch sehr müde, *wenn der Wecker morgens klingelt.*

Bei diesen beiden Sätzen kannst du die unterschiedliche Reihenfolge der beiden Teilsätze leicht erkennen. Im linken Beispiel steht der Nebensatz voraus und der Hauptsatz dahinter, im rechten Beispiel ist es umgekehrt. Zur besseren Unterscheidung ist der Nebensatz kursiv gedruckt. Hier beginnt er mit dem Bindewort „wenn".

Verwende in deinem Aufsatz oft Satzgefüge von Hauptsatz und Nebensatz und wechsle dabei in der Stellung der beiden Teilsätze ab!

> **Nebensätze** kannst du daran erkennen, dass sie mit einem Bindewort beginnen. Solche Bindewörter als Einleitung eines Nebensatzes sind zum
>
> Beispiel:
>
> als – seitdem – bevor – während – sobald – nachdem – da – weil – obwohl indem – damit – dass
>
> **Wichtig:** Zwischen Hauptsatz und Nebensatz steht immer ein **Komma**!

3. Tipp:

Adjektive (Eigenschaftswörter) bewirken beim Leser eine lebendige Vorstellung von der Situation oder Sache, über die du schreibst. Am Anfang eines Satzes fallen sie sofort ins Auge und beflügeln deshalb die Phantasie des Lesers noch stärker, als wenn sie erst später im Satz vorkommen.

Hier zwei Beispiele für Satzanfänge:

Verlockend schien die Sonne ...

Schwarz türmten sich die Wolken am Himmel auf ...

Das Adjektiv „verlockend" regt bestimmt gleich zu Beginn des Satzes die Phantasie an und macht neugierig. Das Adjektiv „schwarz" gibt eine anschauliche Vorstellung von der Bewölkung.

Anschauliche Anfangswörter zur Anregung der Phantasie und besseren Vorstellung des Lesers können sein:

Einzelwörter	Mehrteilige Ausdrücke
z. B.: *Verlockend …/ Fröhlich …*	z. B.: *Ganz toll …*
Sofort …/Abends …	*Mit großer Freude …*

4. Tipp:

Wenn du im Aufsatz kurz hintereinander die gleichen Wörter verwendest, vermittelt das den Eindruck, dass deine Sprache nicht sehr abwechslungsreich ist. **Vermeide** deshalb unnötige **Wortwiederholungen**!

Beim Schreiben befassen sich die Gedanken oft so sehr mit dem Inhalt des Aufsatzes, dass Wortwiederholungen vorkommen, ohne dass man es gleich merkt. Deshalb ist es nötig, einen Aufsatztext nach seiner Fertigstellung darauf zu überprüfen, ob solche Wortwiederholungen unterlaufen sind. Du musst dich deshalb darin üben, Wiederholungen zu entdecken und zu vermeiden.

Übrigens:
Vor allem sind es Substantive, Adjektive und Verben, die unnötigerweise wiederholt werden. Meistens ist es ganz leicht, die Wiederholung zu vermeiden, indem man ein anderes Wort benutzt, das die gleiche oder eine ähnliche Bedeutung hat und den Sinn ebenso gut trifft.

3. Ratschlag: Drücke dich präzise und anschaulich aus!

Dieses Beispiel macht dir klar, worum es geht:

Es leuchtet wohl ohne weiteres ein: Wenn du von jemandem etwas willst, musst du dich so ausdrücken, dass man dich versteht, sonst wird nichts daraus. Wenn du dich zum Beispiel auf die Mofa-Prüfung vorbereitest, lernst du unter anderem, wie du dich am Unfallort verhalten musst, wenn etwas passiert ist. Neben der ersten Hilfe für Verletzte und der Sicherung der Unfallstelle durch Warnzeichen ist gegebenenfalls auch die Polizei zu informieren.

Lies die Sprechblase hier an der Seite! Mit diesem Anruf wird die Polizei nicht viel anfangen können. Sie braucht genauere Informationen, damit sie handeln kann.
Zum Beispiel muss sie unbedingt wissen:

- Wo ist der Unfall passiert?
- Was ist passiert?
- Ist jemand verletzt?
- Welcher Art sind diese Verletzungen?

Das Beispiel macht dir deutlich: Nur wenn präzise Angaben gemacht werden, wird das Ziel erreicht – die Polizei kommt und Hilfe wird eingeleitet.

Wenn sich der Anrufer so ausdrückt, wie in der Sprechblase hier rechts, erreicht er viel mehr. Er hat nicht nur die Fragen oben beantwortet. Er hat auch noch weitere wichtige Informationen gegeben durch die Verwendung der Begriffe „notversorgt“ und „abschleppbedürftig“.
Daher werden nicht nur Polizei, sondern auch Notarzt und Abschleppwagen zum Unfallort kommen.

Das lernst du daraus:
Klare Angaben und treffende Begriffe geben ein genaues Bild von einer Sache und erhöhen dadurch die Wirkung des Gesprochenen!

Beim Aufsatzschreiben ist es genauso:

Im Beispiel oben bestand die Wirkung des Gesprochenen darin, dass jemand zu Hilfe kam.

Beim Aufsatzschreiben besteht die Wirkung des Geschriebenen darin, dass sich der Leser ein genaues Bild von einer Sache machen kann. Dieses soll so klar sein, als ob er selbst dabei gewesen wäre oder die Sache selbst „angeschaut“ hätte. Dass diese Wirkung eintritt, dafür sorgen treffende und „anschauliche“ Begriffe.

Merke dir:
Anschauliche Begriffe erhöhen die Wirkung eines Textes!

So kannst du Anschaulichkeit erreichen:

1. durch präzise **Substantive** (Hauptwörter)
2. durch treffende **Adjektive** (Eigenschaftswörter)
3. durch aussagekräftige **Verben** (Zeitwörter)

4. Ratschlag: Verwende die richtigen Zeitformen!

Dieses Beispiel macht dir klar, worum es geht:

Es leuchtet dir ein, dass es ein Unterschied ist, ob jemand sagt: „Ich habe fünf Mark" oder „Ich hatte fünf Mark".
Habe ist die Zeitform *Präsens.* Sie drückt aus, dass man das Geld gerade (Gegenwart) hat. *Hatte* ist die Zeitform *Präteritum.* Sie drückt aus, dass man das Geld früher (Vergangenheit) hatte.

Du lernst daraus:
Die Zeitform des Verbs macht eine Aussage über das Zeitverhältnis und ist daher sehr wichtig.

Beim Aufsatzschreiben ist es genauso:

Es ist nicht beliebig, welche Zeitform du beim Schreiben wählst. Die folgenden sechs Beispiele verdeutlichen dies.

1. **Zu diesen beiden Bildern passt folgender Text:**

Zwei Autos *nähern* sich der Kreuzung. An der Kreuzung *sind* Schilder aufgestellt, welche die Vorfahrt *regeln.*

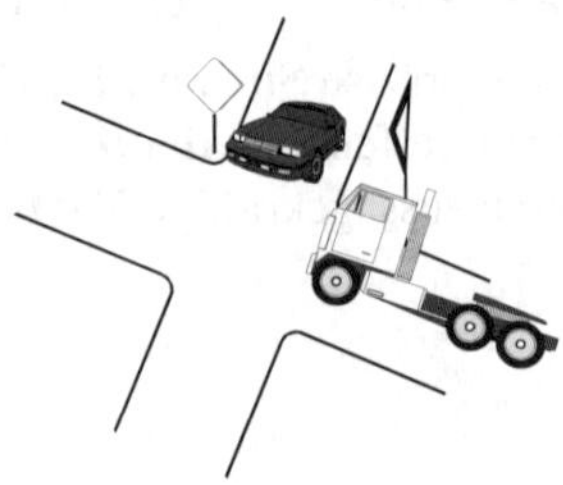

Der Lastwagen *beachtet* die Vorfahrt des PKW nicht. Es *kommt* zum Zusammenstoß. Mehrere Personen auf dem Gehweg *beobachten* den Unfall.

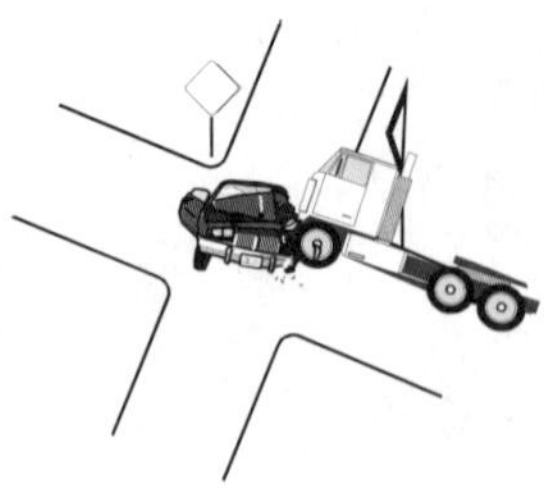

Zur Beschreibung von Bildern und Handlungen verwenden wir die Zeitform *Präsens*.

2. Am nächsten Tag steht ein Unfallbericht in der Zeitung:

Gestern gegen 16.30 Uhr *nahm* auf der Kreuzung Schulstraße/Heugasse ein Lastwagen einem PKW die Vorfahrt. Es *kam* zum Zusammenstoß, wobei erheblicher Sachschaden entstand. Personen *wurden* nicht verletzt.

Beim Berichten verwenden wir die Zeitform *Präteritum.*

3. Klaus erzählt am Mittagstisch zu Hause:

Vorhin *bin* ich in der Schulstraße an der Ecke Heugasse *gestanden.* Da *hat* ein Lastwagen einem PKW die Vorfahrt *genommen* und *ist* ohne zu halten in die Kreuzung *hineingefahren.* Ich *habe* mich gerade *gewundert,* dass er nicht gebremst hat, da *hat* es auch schon *gekracht!*

Beim mündlichen Erzählen verwenden wir meistens die Zeitform *Perfekt.*

Aber: Beim Aufsatzschreiben benutzen wir das *Perfekt* nicht, weil die anspruchsvollere Schriftsprache das *Präteritum* verlangt!

4. Ein paar Tage später schreibt Klaus in seinem Aufsatz zu dem Thema „Als ich einmal Zeuge eines Verkehrsunfalls war":

... Ich *stand* gerade an der Kreuzung Schulstraße/Heugasse, als ein Lastwagen und ein PKW auf die Kreuzung *zufuhren.* Es *wurde* mir gerade bewusst, dass offenbar keiner von beiden *bremste,* als es auch schon schrecklich *krachte ...*

Beim schriftlichen Erzählen verwenden wir die Zeitform *Präteritum.*

5. Der Lehrer gibt zu Beginn des Unterrichts im Fach Verkehrserziehung den Inhalt des Berichts der Zeitung wieder:

Der Reporter *beschreibt* in seinem Bericht den Unfall in der Schulstraße/Ecke Heugasse als Folge einer Vorfahrtverletzung.
Zwei Fahrzeuge, ein LKW und ein PKW, *fahren* beide ohne abzubremsen in die Kreuzung ein. Es *kommt* zum Zusammenstoß, wobei erheblicher Sachschaden aber kein Personenschaden *entsteht*.

Bei der Inhaltsangabe eines Textes verwenden wir die Zeitform *Präsens*.

6. Der Lehrer behandelt Probleme des Straßenverkehrs und erörtert dabei Unfallursachen:

Häufig *entstehen* Verkehrsunfälle durch Unachtsamkeit. Hohe Geschwindigkeit und Missachtung von Verkehrsregeln *sind* weitere wichtige Ursachen. Die Teilnahme am Straßenverkehr *verlangt* von allen Verkehrsteilnehmern Vorsicht und Aufmerksamkeit.

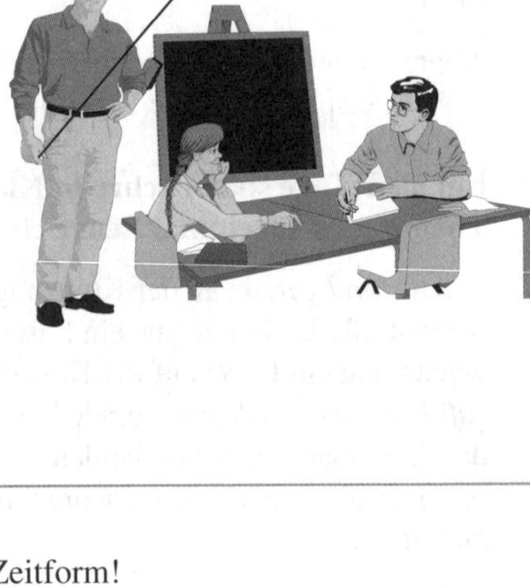

Bei der Erörterung verwenden wir die Zeitform *Präsens*.

Merke dir:
Ein guter Aufsatz verlangt die richtige Zeitform!

Hier findest du die Vorschriften für die **Wahl der Zeitform** bei den verschiedenen Arten von Schreibaufträgen zusammengefasst:

Mache dir zunächst klar, welchen Schreibauftrag du hast!
Wähle dann die vorgeschriebene Zeitform!

Schreibauftrag:		**Vorgeschriebene Zeitform:**
Zu Bildern schreiben Zu Bildern erzählen	⇒	Präsens oder Präteritum
Inhalt wiedergeben	⇒	Präsens
Erörtern Argumentieren	⇒	Präsens
Über etwas schreiben z. B.: über Personen, Orte, Sachen, Abläufe	⇒	Präsens
Beschreiben	⇒	Präsens
Erzählen Erzählend berichten	⇒	Präteritum (Erzählzeit)
Sachlich berichten z. B.: Zeitungsbericht	⇒	Präteritum

Die Grundregel für das Schreiben lautet:
Bleibe bei der gewählten Zeitform und ändere sie nicht ohne Notwendigkeit!

5. Ratschlag: Achte auf Rechtschreibung und Satzzeichen!

Dieses Beispiel macht dir klar, worum es geht:

a) $5 + 8 = 13$
b) $2 \cdot 7 = 14$
c) $4 - 3 = 7$
d) $12 : 6 = 2$
e) $3 \cdot 4{,}5 = 135$
f) $37 + 22 - 16 - 9 = 35$
g) $5 \cdot 5 = 25$

Du hast beim Lesen dieser Rechnungen bestimmt bemerkt, dass sich Fehler eingeschlichen haben. In Aufgabe c wurde wohl aus Unaufmerksamkeit zusammengezählt statt abgezogen, denn dass 4 – 3 als Ergebnis 1 und nicht 7 ist, hat der Rechner natürlich gewusst. In Aufgabe e stimmen die Ziffern, aber es wurde das Komma beim Ergebnis 13,5 vergessen. Diese beiden Fehler hast du wahrscheinlich gleich entdeckt. Es waren wohl auch mehr **Flüchtigkeitsfehler**, die eigentlich nicht hätten sein müssen.

In Aufgabe f dagegen heißt das richige Ergebnis 34. Hier ist ein echter Rechenfehler unterlaufen, den man erst entdeckt, wenn man sich mit der Aufgabe genauer beschäftigt und nachrechnet. Das macht man aber nur, wenn man erkennt, dass hier eine **Fehlerquelle** besteht. Wer nicht an einen möglichen Rechenfehler denkt, kommt gar nicht auf den Gedanken nachzurechnen. Wenn du nachgerechnet und dadurch den Fehler erkannt hast, bist du auf dem richtigen Weg. Denn ohne Gespür dafür, wo eine Fehlerquelle ist, wird man viele Fehler übersehen.

Du lernst daraus:
Flüchtigkeitsfehler entdeckt man beim aufmerksamen Durchlesen!
Echte Fehlerquellen muss man erkennen und sich genauer damit befassen!

Beim Aufsatzschreiben ist es genauso:

Wenn du einen Aufsatztext schreibst, riskierst du beide Arten von Fehlern, die bei den Rechnungen im Beispiel auf der vorigen Seite unterlaufen waren: Flüchtigkeitsfehler aus Unaufmerksamkeit und echte Rechtschreibfehler aus Unwissenheit oder weil du eine mögliche Fehlerquelle gar nicht erkannt hast.

Es ist deshalb notwendig, bei der **Überarbeitung** eines Aufsatzkonzeptes auf Fehlerquellen bei der Schreibweise der Wörter zu achten und zu prüfen, ob man alle notwendigen Satzzeichen richtig gesetzt hat.

Und es ist auch notwendig, den fertigen Aufsatztext nach der **Reinschrift** vor der Abgabe nochmals auf Flüchtigkeitsfehler zu kontrollieren.

Das ist besonders deswegen wichtig, weil im Allgemeinen die Regelung gilt, dass häufige und schwerwiegende Verstöße gegen die Regeln der Rechtschreibung bei der Festlegung der Note berücksichtigt werden, was dazu führen kann, dass dein Aufsatz schlechter bewertet wird. Das willst du bestimmt nicht!

Außerdem ist es auch so, dass echte Fehler bei der Rechtschreibung genauso wie Flüchtigkeitsfehler und fehlende Satzzeichen einen ebenso schlechten Eindruck machen wie ein schmutziges Hemd, eine zerrissene Hose oder abgebissene Fingernägel. Und den Eindruck willst du doch bestimmt auch nicht machen!

Und schließlich ist auch das noch wichtig: Dein **Schriftbild** hat einen Einfluss auf die Bewertung. Ein hingeschmierter Aufsatz, dem man ansieht, dass sich der Verfasser keine Mühe mit dem Schreiben gemacht hat, führt zu demselben Ergebnis wie mangelnde Sorgfalt bei der Rechtschreibung: Die Bewertung fällt schlechter aus.

> **Merke dir:**
> Dein Aufsatz verlangt Sorgfalt in Rechtschreibung, Zeichensetzung und Schriftbild!

Und so kannst du Fehler vermeiden:

- **Flüchtigkeitsfehler**

  kannst du nur vermeiden, indem du dir die Reinschrift deines Aufsatzes vor der Abgabe nochmals genau durchliest.

  Achtung: Du musst dich dabei genau auf das konzentrieren, was du geschrieben hast. Viele Flüchtigkeitsfehler werden nicht gefunden, weil du beim Durchlesen nicht liest, was du wirklich geschrieben hast, sondern liest, was du schreiben wolltest. Dadurch werden aber Fehler einfach überlesen. Das muss nicht sein!

- **Satzzeichenfehler**

  kannst du vermeiden, indem du überlegst, wo du Sprechpausen im Satz machen würdest, wenn du deine Sätze laut vorlesen solltest. An diesen Stellen sind meistens Kommas zu setzen.

  Kontrolliere auch die Schlusszeichen: Punkte am Ende von Aussagesätzen, Fragezeichen bei Fragesätzen und Ausrufezeichen bei Aufforderungssätzen oder Ausrufen und Redezeichen bei wörtlichen Reden.

  Von den Regeln zur Zeichensetzung, die du in deinem Sprachbuch oder im Duden nachlesen kannst, sei hier nur eine nochmals in Erinnerung gebracht: Hauptsätze und Nebensatze werden durch Komma getrennt!

- **Echte Rechtschreibfehler**

  kannst du nicht ganz vermeiden. Aber du kannst ihre Zahl verringern, wenn du ein Gespür entwickelst, wo eine **Fehlerquelle** in einem Wort sein könnte.

Diese **Tipps** helfen dir beim richtigen Schreiben:

1. Tipp:

Sprich ein Wort, bei dem du unsicher bist, deutlich vor dich hin!

Dadurch werden die einzelnen Buchstaben des Wortes besser hörbar.

Achtung: Leider werden auf diese Weise nicht alle Buchstaben hörbar gemacht.

2 Tipp:

Prüfe, um welche Wortart es sich bei dem fraglichen Wort handelt!

Dadurch kann dir die Schreibweise der Anfangsbuchstaben klar werden. Denn: Alle Substantive (Hauptwörter) schreibt man groß, die Adjektive (Eigenschaftswörter) und Verben (Zeitwörter) schreibt man meistens klein.

Achtung: Leider gibt es von dieser Grundregel Ausnahmen. Du kannst sie in einem Rechtschreibbuch nachschlagen.

3. Tipp:

Überlege, ob du ähnliche Wörter kennst!

Dadurch kannst du dir manchmal die Schreibweise erschließen, denn ähnlich klingende Wörter werden oft gleich geschrieben.

Achtung: Leider ist dies keine sichere Methode und man kann sich dabei leicht irren, auch wenn sie in vielen Fällen stimmt.

4. Tipp:

Trenne und verlängere Wörter, bei denen man einzelne Buchstaben beim Sprechen nicht deutlich hört!

Dadurch werden Buchstaben hörbar, die man ohne Trennung nicht deutlich hören kann. Denn: Oft sind solche Buchstaben nicht deutlich oder gar nicht hörbar, die am Ende einer Silbe oder am Ende eines Wortes stehen. Durch das Trennen und Verlängern stehen die undeutlichen Buchstaben nicht mehr am Ende, sondern dann am Anfang der Verlängerungssilbe, wo sie beim Sprechen deutlicher hörbar sind.

Achtung: Leider werden nicht alle undeutlichen oder beim Sprechen nicht hörbaren Buchstaben auf diese Weise erkennbar.

5. Tipp:

Denke immer darüber nach, ob du eine Rechtschreibregel kennst, die du anwenden kannst!

Dadurch erreichst du, dass dir möglichst wenig Verstöße gegen die Regeln der Rechtschreibung unterlaufen. Allerdings musst du die Regeln, die du in der Schule gelernt hast und auch in Rechtschreibbüchern nachschlagen kannst, gut kennen und anzuwenden verstehen.

Achtung: Leider gibt es auch von den Regeln viele Ausnahmen, die du nicht kennst. Benutze deshalb ein Regelwerk.

6. Tipp:

Schlage im Wörterbuch nach, wenn du ganz sicher gehen willst!

Dadurch erreichst du, dass du ganz sicher sein kannst, wie ein fragliches Wort geschrieben wird.

Achtung: Leider ist die Benutzung von Wörterbüchern bei Prüfungen nicht gestattet. Ansonsten ist die Methode aber sehr gut, vor allem, wenn du darin geübt bist, sodass das Nachschlagen nicht zu lange dauert.

Ratschläge und Tipps für die Gestaltung deiner Aufsätze:

Ratschläge zur Aufsatzgestaltung:

1. Ratschlag: **Gliedere deinen Aufsatz!**
Unterteile in Einleitung – Hauptteil – Schluss!

2. Ratschlag: **Vermeide Wiederholungen!**
Dein Aufsatz braucht Abwechslung.
Tipps:
- Satzanfänge abwechseln!
- Anschauliche Anfangswörter benutzen!
- Reihenfolge von Haupt- und Nebensatz wechseln!
- Wortwiederholungen vermeiden!

3. Ratschlag: **Drücke dich genau und anschaulich aus!**
Benutze präzise Substantive – treffende Adjektive – aussagekräftige Verben!

4. Ratschlag: **Verwende die richtige Zeitform!**
Präsens beim Beschreiben, Erörtern, Wiedergeben eines Textinhalts, Schreiben zu Bildern,
Präteritum beim Erzählen, Berichten, Erzählen zu Bildern.

5. Ratschlag: **Achte auf Rechtschreibun**g, Satzzeichen und Schriftbild!

Tipps zur Vermeidung von Rechtschreibfehlern:

Grundregel: Suche nach Flüchtigkeitsfehlern und echten Fehlerquellen!

1. Tipp: Sprich ein Wort, bei dem du unsicher bist, deutlich vor dich hin!
2. Tipp: Prüfe, um welche Wortart es sich handelt!
3. Tipp: Überlege, ob du ähnliche Wörter kennst!
4. Tipp: Trenne und verlängere Wörter, bei denen einzelne Buchstaben beim Sprechen nicht deutlich herauskommen!
5. Tipp: Denke darüber nach, ob du eine Rechtschreibregel kennst, die du anwenden kannst!

Achtung: Bei allen diesen Hilfen sind Anwendungsfehler möglich!
Um sicher zu gehen, muss man im Wörterbuch nachsehen!

Übungsteil: Zu Bildern schreiben

Thema: Mofafahren

Arbeitsanweisung:

a) Auf den Bildern siehst du typische Fehler, die oft beim Mofafahren gemacht werden. Beschreibe das fehlerhafte Verhalten!

b) Erzähle von einer gefährlichen Situation im Straßenverkehr, die du als Mofafahrer/in bzw. Radfahrer/in erlebt hast!

Ratschläge für die Bearbeitung

zu Aufgabe a:

Das kannst du tun:		Das erreichst du damit:
1. Setze vor die Beschreibung der einzelnen Fehler eine kurze Einleitung!	⇒	Dadurch kannst du dem Leser klarmachen, warum du anschließend über Fehler im Straßenverkehr schreibst.
2. Überlege dir einen Aufbau für die Beschreibung der Bilder, den du bei jedem Bild anwenden kannst!	⇒	So kann sich der Leser leichter in deinem Text zurechtfinden.
3. Beschreibe nicht nur die dargestellten Fehler, sondern gehe auch auf Ursachen und Konsequenzen dieses Verhaltens ein!	⇒	Du zeigst damit, dass du fähig bist, über Beobachtungen nachzudenken und Schlüsse daraus zu ziehen.
4. Benutze bei deiner Darstellung auch Fachbegriffe, die zum Thema gehören!	⇒	Deine Ausführungen wirken dadurch lebensechter und reifer.
5. Runde deine Ausführungen durch einen kurzen Schlussteil ab!	⇒	Dadurch zeigst du, dass du eine Sache nicht nur einzeln beschreiben, sondern auch zusammenfassen kannst.
6. Unterscheide die Textteile durch freie Restzeilen und Leerzeilen!	⇒	Dein Aufsatz wird durch diese Unterteilungen übersichtlicher und leichter lesbar.

zu Aufgabe b:

Das kannst du tun:		**Das erreichst du damit:**
1. Leite deine Erzählung ein, indem du an die Beschreibung der Fehler im Teil a anknüpfst!	⇒	Auf diese Weise wirken deine beiden Aufsätze als Einheit.
2. Erzähle in drei Schritten! 1. Schritt: Was geschah vorher? 2. Schritt: Was ereignete sich? (Arbeite den Höhepunkt aus!) 3. Schritt: Wie ging es aus?	⇒	Durch die Vorgeschichte und den Ausgang der Sache machst du die Beschreibung der Gefahrensituation als Höhepunkt der Erzählung für den Leser lebendiger als durch bloßes Beschreiben der Verkehrssituation.
3. Beschreibe nicht nur die dargestellten Fehler, sondern gehe auch auf Ursachen und Konsequenzen dieses Verhaltens ein!	⇒	Du zeigst damit, dass du den Vorgang nicht nur erzählen, sondern auch Schlüsse für dein Handeln ziehen kannst.

Lösungsvorschlag zu Aufgabe a

Typische Fehler beim Mofafahren

Der Umstieg vom Fahrrad zum Mofa ist für junge Leute eine tolle Sache. Als Besitzer eines Mofas müssen sie nicht mehr selbst in die Pedale treten. Auch ist das Mofa ein flottes Fahrzeug, das mobiler macht und mehr Geschwindigkeit zulässt als Radfahren. Dass diese Eigenschaften auch größere Gefahren mit sich bringen, wird von dem neuen Selbstbewusstsein verdrängt. Und so schleichen sich die typischen Fehler ein, die man im Straßenverkehr immer wieder beobachten kann.

Einen Apfel zu essen, während man mit dem Mofa durch die Gegend fährt, kann sehr erfrischend sein. Allerdings muss dazu zwangsläufig eine Hand vom Lenker genommen werden. Der Fahrer bedenkt nicht, dass er vielleicht wegen eines anderen Verkehrsteilnehmers oder eines Kindes, das auf die Straße läuft, ganz plötzlich bremsen muss. Auch könnte ein Stein oder Schlagloch auf der Fahrbahn ein Ausweichmanöver nötig machen, was ebenso wie eine Vollbremsung beide Hände an der Lenkstange erfordert. Daher gilt die Regel: Beide Hände gehören an den Lenker!

Jemanden auf dem Mofa mitzunehmen, kann Zeit sparen helfen und, wenn es sich gar um die Freundin handelt, sogar besonderen Spaß machen. Allerdings ist ein einfacher Gepäckträger eben, wie der Name sagt, für Gepäck und nicht für den Transport von Menschen konstruiert. Dazu fehlen die Stabilität, die notwendige Sitzfestigkeit und die Abstützung für die Füße, sodass die Füße gefährlich nahe an die Speichen der Räder geraten. Mofafahrer müssen sich also darüber im Klaren sein: Wer seinen Gepäckträger als Mitfahrgelegenheit anbietet, gefährdet sich und andere! Und schließlich brauchen auch Mitfahrer einen Helm, was zu ihrem eigenen Schutz zwingend vorgeschrieben ist.

Ein „Walkman" ist ein feine Sache. Man braucht auf heiße Musik selbst dann nicht zu verzichten, wenn man unterwegs ist. Mit dem Ohr fällt dadurch aber ein Sinnesorgan aus, das man im Straßenverkehr dringend braucht. Wichtige Signale wie warnendes Autohupen oder Fahrradklingeln oder ein zur Vorsicht mahnender Zuruf oder das Bremsgeräusch eines anderen Fahrzeugs werden nicht wahrgenommen und Gefahren vielleicht nicht rechtzeitig erkannt. Wer auf der Straße unterwegs ist, braucht alle seine Sinne, um Schaden zu vermeiden!

Nebeneinander fahren gibt Gelegenheit, sich zu unterhalten und Neuigkeiten auszutauschen. Für den nachfolgenden Verkehr entsteht auf diese Weise aber ein unnötiges Verkehrshindernis. Beim Überholen müssen schnellere Fahrzeuge weit ausholen, der Gegenverkehr wird beeinträchtigt. Auch die Mofafahrer selbst schenken ihre Aufmerksamkeit mehr dem Nebenmann als dem Straßenverkehr. Auch hier gilt: Ablenkungen schaden der Aufmerksamkeit und erhöhen das Unfallrisiko!

Auf verkehrsfreien Flächen kann man so recht nach Herzenslust drauflosfahren und braucht auf andere Fahrzeuge nicht zu achten. Wer so denkt und deshalb den Gehweg als Fahrbahn benutzt, dehnt aber seinen Verkehrsraum auf Kosten anderer Verkehrsteilnehmer aus. Gerade Fußgänger brauchen diesen geschützten, fahrzeugfreien Raum, weil sie schwächer sind. Auf dem Gehsteig sind sie auf Fahrzeuge nicht gefasst und brauchen auch nicht aufmerksam zu sein. Deshalb besteht das strenge Verbot, den Gehsteig zu befahren, zu Recht. Wer dies nicht respektiert, handelt unverantwortlich!

Heutzutage haben es alle eilig. Der Weg an der roten Ampel vorbei über den Gehweg hilft vielleicht ein bisschen Zeit zu sparen. Trotzdem heißt es an der Ampel anhalten, wenn sie auf Rot zeigt. Verbindliche Signale zu umfahren, bedeutet erhöhtes Unfallrisiko, denn weder Fußgänger noch andere Fahrzeuglenker rechnen mit solch einem Verhalten. Deshalb gilt die Regel, dass Signale der Verkehrsregelung unbedingt eingehalten werden müssen und nicht „umfahren" werden dürfen.

Die Beispiele zeigen, dass es gefährlich ist, die Erfordernisse des Straßenverkehrs nicht zu beachten oder gegen die Verkehrsregeln zu verstoßen. Solche Regeln allein bringen aber Ordnung und Übersicht in den Straßenverkehr. Sie zu übertreten bedeutet, nicht nur sich selbst zu gefährden, sondern auch andere. Mit etwas Menschenverstand, Regelkenntnis, Rücksichtnahme und Selbstdisziplin lassen sich Unfälle vermeiden. Und schließlich macht das Mofafahren doch doppelt und länger Spaß, wenn man mit „Köpfchen" fährt und heil ankommt.

Hier kannst du üben:

1. **Übung zur Einleitung**

   Als Einleitung könntest du etwas schreiben
   - über das Verhalten junger Leute heutzutage a ☐
   - über die Häufigkeit von Unfällen im Straßenverkehr b ☐
   - über die Bedeutung eines Mofas für junge Leute c ☐

   Kreuze an, welche der Möglichkeiten im Beispielaufsatz beschrieben wurde!

2. **Übung zum Aufbau der Fehlerbeschreibung**

   Zum Beschreiben der abgebildeten Fehler kannst du als Reihenfolge wählen
   - Ursache des Fehlers / Fehlerbeschreibung / Verhaltensregel a ☐
   - Fehlerbeschreibung / Konsequenzen des Verhaltens b ☐
   - Verhaltensregel / Fehlerbeschreibung / Konsequenz daraus c ☐

   Kreuze an, welche der Möglichkeiten im Beispielaufsatz beschrieben wurde!

3. **Übung zum Gebrauch der Wörter**

   Zur Beschreibung der Verkehrssituationen eignen sich Fachbegriffe aus der Verkehrssprache. Hier findest du Beispiele dafür:

Straßenverkehrsordnung	☐	Gehsteig	☐
Sicherheitsabstand	☐	Ausweichmanöver	☐
nachfolgender Verkehr	☐	Verkehrsteilnehmer	☐
Verkehrshindernis	☐	Verkehrsmoral	☐
verkehrsfreie Fläche	☐	Bremsweg	☐
Geschwindigkeit	☐	Gegenverkehr	☐
Verkehrsgeschehen	☐	Mitfahrer	☐
Verkehrsregelung	☐	Fahrbahn	☐
Vollbremsung	☐	Unfallrisiko	☐
Fahrzeuglenker	☐	Fahrerflucht	☐

   Kreuze an, welche der Fachbegriffe im Beispielaufsatz vorkommen!

4. **Übung zum Schlussteil**

   Als Schlussteil könntest du etwas schreiben
   - über die Bedeutung des richtigen Verhaltens im Verkehr a ☐
   - über Ratschläge an junge Leute zum Gebrauch ihres Mofas b ☐
   - über mögliche Maßnahmen zur Einhaltung der Verkehrsregeln c ☐

   Kreuze an, welche der Möglichkeiten im Beispielaufsatz beschrieben wurde!

Die Lösungen findest du auf Seite 213.

Lösungsvorschlag zu Aufgabe b

Eine gefährliche Situation im Straßenverkehr

Da mein Schulweg ziemlich lang ist, benutze ich, wenn das Wetter es zulässt, mein Rad. Leider bin ich ein Spätaufsteher und deshalb kommt es manchmal vor, dass ich – ich muss es leider zugeben – eine regelwidrige Abkürzung nehme, um noch pünktlich in der Schule zu sein.

So war es auch an diesem verflixten Montag! Ich war schon aus dem Haus, als ich hinter mir die Stimme meiner Mutter hörte: „Markus, du hast den Turnbeutel vergessen!“ Weil ich nochmal zurück musste, verlor ich Zeit und war noch später dran als sonst. An der großen Kreuzung zeigte auch noch die Ampel auf Rot und machte meine Anstrengung zunichte, durch kräftiges Strampeln die verlorene Zeit wieder einzuholen. Auch über den Marktplatz konnte ich nicht abkürzen, weil Markttag war und die Stände den Weg versperrten. Ich musste also außen herum kurven, während die Zeiger meiner Uhr unbarmherzig vorrückten. Immer deutlicher wurde in meiner Vorstellung das Bild von meinem Lehrer, wie er mich empfangen würde, wenn ich schon wieder zu spät käme. Mir war klar, dass es höchste Zeit war! Ein erneuter Blick auf die Uhr ließ mich kurzerhand in die Einbahnstraße einbiegen, an deren Ende die Schule lag. Normalerweise musste ich einen Häuserblock weiter fahren und gelangte dann von hinten an die Schule. Die Einbahnstraße war viel kürzer, ich musste sie aber, und dessen war ich mir vollkommen bewusst, in der verbotenen Richtung befahren. Es war eine sehr enge Straße mit einem schmalen, markierten Streifen für Fußgänger an einer Seite. Das war wohl auch der Grund dafür, dass man sie nur zum Einbahnverkehr freigegeben hatte. Gerade 30 Meter trennten mich noch vom Schulhof und ich freute mich schon, dass ich es noch rechtzeitig geschafft hatte. Ich hatte aber die Rechnung ohne einen sperrigen Lieferwagen gemacht, der mir in rascher Fahrt entgegen kam. „Der braucht ja die ganze Straße!“, fuhr es mir erschrocken durch den Kopf. Zum weiteren Nachdenken blieb mir aber keine Zeit mehr, denn schon war das Fahrzeug heran. Ich hechtete vom Rad in einen Hauseingang, während ich das Quietschen der Bremsen hörte, mit dem der Lieferwagen zum Stand kam. Während ich benommen aufstand, sprang der Fahrer des Lieferwagens aus seinem Fahrzeug und kam auf mich zu. „Ist dir was passiert?“, fragte er erschrocken und blickte mich besorgt an. „Nein, ich glaube nicht. Es ist nur der Schock“, stammelte ich kleinlaut. Tatsächlich kam ich mit ein paar kleinen Schürfwunden und dem Schrecken davon und auch meinem Fahrrad fehlte nichts, obwohl es mit dem Vorderrad schon unter dem Lieferwagen lag, der es aber nicht überrollt hatte. „Das ist ja noch einmal gut gegangen“, hörte ich den Fahrer sagen, als er mein Rad aufhob. Und schon beim Einsteigen fügte er hinzu: „Und die Einbahnstraßenregelung gilt auch für Radfahrer, merk dir das!“

Dass ich an jenem Tag doch noch zu spät in die Schule kam, versteht sich von selbst und, dass ich seitdem die Einbahnstraße nicht mehr in der verbotenen Richtung gefahren bin, kann ich auch beschwören. Die gefährliche Situation, in die ich mich selbst gebracht hatte, war mir eine Lehre.

Hier kannst Du üben:

1. Übung zur Einleitung

Als Einleitung könntest du schreiben

- dass dein Erlebnis die Folge eines fehlerhaften Verhaltens ist a ☐
- dass du zu den jungen Leuten zählst, die es im Straßenverkehr manchmal nicht so genau nehmen b ☐
- dass du durch (oder ohne) eigene Schuld in die Folgen eines fehlerhaften Verhaltens im Verkehr verwickelt wurdest c ☐

Kreuze an, welche der Möglichkeiten im Beispielaufsatz beschrieben wurde!

2. Übung zur Gliederung des Hauptteils

Der Hauptteil des Beispielaufsatzes enthält 3 Teilabschnitte.

Trage ein, nach welchen Zeilen dieses langen Hauptteils man sinnvollerweise eine Leerzeile lassen könnte!

1. Leerzeile nach Zeile: ______

2. Leerzeile nach Zeile: ______

Die Erzählung führt den Leser von der Vorgeschichte über die Entwicklung der Gefahrensituation zum Höhepunkt des Erlebten.

Suche den Teil des Textes, der den Höhepunkt der Erzählung enthält!

Der Höhepunkt befindet sich vor der Zeile: __________

Der Höhepunkt wird im Beispielaufsatz durch Wörter und Ausdrücke vorbereitet, die die dramatische Entwicklung der Situation ankündigen.

Schreibe drei Wörter bzw. Ausdrücke heraus, die diesen Eindruck bewirken:

____

3. Übung zum Schlussteil

Als Stellungnahme zu der erzählten Situation könntest du schreiben:

- eine allgemeine Forderung zum Verhalten im Straßenverkehr a ☐
- eine Konsequenz, die du für dich selbst aus der Sache ziehst b ☐
- eine Aussage, wie die Gefahr hätte vermieden werden können c ☐

Kreuze an, welche der Möglichkeiten im Beispielaufsatz beschrieben wurde!

Die Lösungen findest du auf Seite 213.

Thema: Sonntag

Der Sonntag ist oft der einzige Tag in der Woche, an dem die ganze Familie etwas gemeinsam unternehmen kann.

Arbeitsanweisung:

a) Beschreibe das Bild und seine Stimmung!
b) Schreibe darüber, wie du mit deiner Familie oder mit deinen Freunden/ Freundinnen den Sonntag verbringen möchtest!

Ratschläge für die Bearbeitung

zu Aufgabe a:

Das kannst du tun:		**Das erreichst du damit:**
1. Betrachte das Bild genau, ehe du mit der Beschreibung beginnst! Stelle in der Einleitung das Thema des Bildes vor!	⇒	Auf diese Weise erkennst du das Wesentliche des Bildes, aber auch das Nebensächliche, das du nicht beschreiben musst. Dadurch wird der Leser auf das Geschehen eingestimmt.
2. Für die eigentliche Beschreibung im Hauptteil gibt es zwei Möglichkeiten: Behandle entweder zuerst den Bildhintergrund und gehe dann schrittweise zum Vordergrund des Bildes über oder wähle den umgekehrten Weg!	⇒	So erzielst du eine sinnvolle Ordnung deiner Beschreibung.
3. Schreibe als Schluss kurz deinen Eindruck vom Bildgeschehen!	⇒	Mit der Darstellung deines Eindrucks rundest du die Bildbeschreibung ab.
4. Verwende in der Beschreibung besonders aussagekräftige Verben!	⇒	Treffende Verben veranschaulichen das beschriebene Bild.

zu Aufgabe b:

Das kannst du tun:		**Das erreichst du damit:**
1. Versuche in der Einleitung deinen Aufsatz thematisch an das Bild von Aufgabe a anzubinden!	⇒	Du zeigst, dass Aufgabe a und Aufgabe b zusammengehören.
2. Im Hauptteil kannst du z. B. von einem bereits erlebten Sonntag berichten, der trotz schlechten Wetters unterhaltsam war. Verwende als Zeitstufe das Präsens!	⇒	Mit der Gegenwartsform führst du den Leser unmittelbar an das Geschehen heran.
3. Hebe im Schluss hervor, wie wichtig dir Familie bzw. Freunde/Freundinnen für die Gestaltung des Sonntags sind!	⇒	Damit verweist du nochmals auf die Themenstellung und rundest sie ab.
4. Achte auf den Wechsel der Satzanfänge!	⇒	Du erzielst auf diese Weise Abwechslung in der Ausdrucksweise.

Lösungsvorschlag zu Aufgabe a

Bildbeschreibung: Sonntag

Das vor mir liegende Bild zeigt eine kinderreiche Familie an einem regnerischen Sonntag. Die Familie hält sich im Wohnzimmer auf.

An das Wohnzimmer schließt sich ein weiterer Raum an, in den man durch eine offene Tür sehen kann. Genaues lässt sich aber nicht erkennen. Ein etwa achtjähriger Junge steht lässig und mürrisch blickend im Türrahmen; beide Hände stecken in den Hosentaschen.

Links im Bild sieht man den ältesten Sohn der Familie. Er lehnt am Fenster, wobei er ein Bein auf einem Stuhl anwinkelt. Seinen Kopf stützt er mit dem linken Arm auf der Fensterbank auf. So schaut er in den strömenden Regen.

Rechts von der geöffneten Tür befindet sich ein großer Fernseher. Davor ragt ein runder Tisch in den Raum. Die Mutter sitzt daran und näht mit ernster Miene. Schere und Fadenrolle liegen auf der Tischdecke. Neben der Mutter schläft sitzend die etwa vierjährige Tochter. Ihr Kopf ruht zwischen den verschränkten Ärmchen auf der Tischplatte.

Fast in der Mitte des Wohnzimmers thront der Vater in einem Sessel. Mit ausgestreckten Beinen liest er entspannt die Zeitung. Neben ihm spielt das Nesthäkchen der Familie mit Bauklötzen. Offensichtlich soll ein Turm entstehen.

Das Bild vermittelt den Eindruck, dass die größeren Kinder der Familie sich an dem verregneten Sonntag sehr langweilen. Nur das Kleinstkind weiß sich mit den Bauklötzen sinnvoll die Zeit zu vertreiben. Mutter und Vater nehmen von ihren Kindern keine Notiz. Sie sind mit ihren Pflichten bzw. mit ihren Interessen beschäftigt.

Trotz kinderreicher Familie ist jeder für sich und mit sich allein. Das stimmt nachdenklich, ja sogar traurig!

Hier kannst du üben:

1. **Übung zu Einleitung und Schluss**

   Markiere im Beispielaufsatz Einleitung und Schluss!
   Lies Einleitung und Schluss im Hinblick auf die erteilten Ratschläge!

2. **Übung zum Hauptteil**

   Finde heraus, ob der Schreiber des Beispielaufsatzes das Bild vom Vordergrund oder vom Hintergrund ausgehend beschreibt!
   Schreibe stichwortartig die weiteren Schritte der Beschreibung auf!

3. **Übung zur Wortwahl**

   Unterstreiche im Beispielaufsatz von Zeile 3 bis Zeile 18 alle Verben! Setze sie anschließend in den Infinitiv (Grundform), präge sie dir dabei gut ein!

Die Lösungen findest du auf Seite 213.

Lösungsvorschlag zu Aufgabe b

So verbringe ich mit meiner Familie oder mit meinen Freunden/Freundinnen den Sonntag

So eintönig und langweilig wie die Kinder auf dem Bild in Aufgabe a möchte ich den Sonntag nicht verbringen. Sicher ist es nicht einfach, einen verregneten Sonntag unterhaltsam zu gestalten, aber wenn jeder in der Familie oder auch im Freundeskreis Ideen und Vorschläge einbringt, dann kann auch ein Regensonntag ein schöner Tag werden.

Wie immer bei schlechtem Wetter bleibe ich länger als sonst im Bett liegen. Mir gefällt es, dem Regen zuzuhören. Nach einem ausgiebigen Frühstück mit meinen Eltern starte ich einen telefonischen Rundruf bei meinen Freunden. Ja, neuerdings bin ich an wettermäßig trüben Sonntagen besonders gerne mit ihnen zusammen. Wir treffen uns dann in „Pauls Garage". Paul darf nämlich die derzeit ungebrauchte Garage seines Onkels für seine Zwecke nutzen. Um die Mittagszeit kommen Peter, Max und ich dort an. Wie am Telefon abgesprochen, tapezieren wir heute die Wände mit gesammelten Postern. Welch eine Farbenpracht! Unsere Behausung wird immer gemütlicher. Stühle und einen runden Tisch haben wir uns beim Sperrmüll besorgt. Nach getaner Arbeit stärken wir uns mit den Spezialitäten unserer Mütter. Pauls Mutter macht den Kartoffelsalat genau nach unserem Geschmack. Wie beim Tapezieren läuft auch jetzt der Kassettenrecorder. Wir hören unsere „Ohrwürmer des Monats". Das Prasseln des Regens wird von der Musik übertönt. Natürlich erzählen wir uns auch Neuigkeiten. Davon gibt es immer genug. Heute hat vor allem Peter das Wort. Er berichtet von seinem letzten Vorstellungsgespräch in einer Großfirma. Um 18 Uhr trennen wir uns, nachdem wir noch einen stolzen Blick auf unsere Tapezierkünste geworfen haben.

Auf dem Heimweg ziehe ich das Genick ein und stelle den Kragen des Anoraks. Es regnet immer noch.

Die Zeit bis zum Abendessen verbringe ich lesenderweise. Mit Fernsehen klingt schließlich der Sonntag aus. Zum Glück schauen Vater und Mutter auch gerne die sonntägliche Krimiserie.

Schon im Bett liegend, denke ich, wie schön es ist, Freunde zu haben, mit denen man auch bei schlechtem Wetter einen Sonntag erlebnisreich gestalten kann.

Hier kannst du üben:

1. Übung zur Einleitung

Du kannst den Bezug zum Bild von Aufgabe a herstellen,
- indem du auf eine selbst gemachte Erfahrung verweist a ☐
- indem du schreibst, was andere von einem verregneten Sonntag zu berichten wissen b ☐
- indem du direkt auf das Bild eingehst c ☐

Kreuze an, wie der Beispielaufsatz beginnt!

2. Übung zum Hauptteil

Unterstreiche im Beispielaufsatz nur die Präsensformen, die im Abschnitt über „Pauls Garage“ vorkommen! (ab Zeile 13)

3. Übung zum Schluss

Umrande im Beispielaufsatz den Schluss!

4. Übung zur Abwechslung in der Ausdrucksweise

a) Die Wände tapezieren wir heute, wie am Telefon abgesprochen, mit gesammelten Postern.
b) Der Kassettenrecorder läuft wie beim Tapezieren auch jetzt.
c) Das Genick ziehe ich auf dem Heimweg ein und stelle den Kragen am Anorak.
d) Der Sonntag klingt schließlich mit Fernsehen aus.

Stelle die 4 Sätze aus dem Gedächtnis so um, wie sie im Beispielaufsatz geschrieben sind.

Die Lösungen findest du auf Seite 214.

Thema: Gleichberechtigung

Arbeitsanweisung:

Beschreibe, wie du dir den Ablauf eines Arbeitstages dieser Familie vorstellst!

Ratschläge für die Bearbeitung

Das kannst du tun:		**Das erreichst du damit:**
1. Eröffne deine Bildergeschichte durch eine Einleitung und runde sie durch einen Schlussteil ab!	⇒	1. Dein Aufsatz wird durch die Einleitung und den Schluss für den Leser eine „runde Sache“.
2. Achte beim Schreiben auf sinnvolle Übergänge zwischen den einzelnen Bildern!	⇒	2. Die Beschreibung der einzelnen Bilder wird so keine Aneinanderreihung ohne inhaltliche Verbindung sein, sondern eine Beschreibung mit fließenden, geschickten Übergängen.
3. Berücksichtige beim Schreiben die in den Bildern dargestellte Gleichberechtigung!	⇒	3. So zeigst du, dass du das Thema „Gleichberechtigung“ mit der Beschreibung der Bilder verknüpfen kannst.
4. Achte beim Schreiben auf Einzelteile der verschiedenen Bilder!	⇒	4. Einzelheiten schmücken deinen Aufsatz aus.

Lösungsvorschlag

Gleichberechtigung

Es ist Montagmorgen. Der Wecker mahnt zum Aufstehen. Da in der Familie Schorpp beide Elternteile berufstätig sind, treffen sie auch gemeinsam die Vorbereitungen für den Arbeitstag. Frau Schorpp zieht Klein-Christian an und Herr Schorpp deckt in dieser Zeit den Frühstückstisch.

Nach dem Motto „Morgens um sieben ist die Welt noch in Ordnung" verbringt die Familie die noch verbleibende Zeit gemeinsam am Küchentisch. Das Kleinkind bekommt von Mama seinen Brei. Papa gießt den Kaffee ein. Nachdem die beiden Partner noch einige Erledigungen, die an diesem Tag anfallen, besprochen haben, räumt der Ehemann den Frühstückstisch ab, während die Ehefrau Christian der Haushaltshilfe übergibt, die pünktlich um 7.45 Uhr zur Arbeit erscheint.

Frau Schorpp geht zu Fuß ins 10 Minuten entfernte Büro und Herr Schorpp fährt mit dem Auto zu einem Kleinbetrieb, wo er als Handwerker arbeitet.

Im Büro fallen verschiedene Tätigkeiten an: Schreibmaschine schreiben, Telefonate führen, Termine vereinbaren und vieles andere mehr. Da es Mai und daher abends lange hell ist, überlegt Frau Schorpp bereits kurz nach der Mittagspause, wie man nach Büroschluss den langen Nachmittag noch gemeinsam verbringen kann. Herr Schorpp muss in seinem Betrieb hart arbeiten. Er benötigt eine Schutzbrille, um Bretter zuzuschneiden und zu hobeln. Allerdings betrachtet er es als seine Aufgabe, nach der Arbeit den Einkauf für das Abendessen zu erledigen. Somit nimmt er seiner Ehefrau viel Arbeit ab, die, wenn sie nach Hause kommt, Klein-Christian von der Haushaltshilfe übernimmt. Kommt der Vater mit den Einkäufen nach Hause, wird gemeinsam das Abendessen gekocht.

Nach dem Essen spülen die Eheleute auch gemeinsam das Geschirr: gemeinsam geht's eben schneller. Derweil spielt Christian auf dem Küchenboden mit den Bauklötzen. Nun bleibt noch Zeit für eine kleine Fahrradtour. Harmonisch geht der Tag beim abendlichen Fernsehen zu Ende.

Hier kannst du üben:

1. Übung zur Einleitung und zum Schluss des Beispielaufsatzes

Markiere die Einleitung des Aufsatzes: Zeile _____ bis Zeile _____

Kreuze an, welche Inhalte der Einleitung zutreffen:

- Dienstagmorgen a ☐
- Wecker mahnt zum Aufstehen b ☐
- Nur Vater ist berufstätig c ☐
- Mutter deckt den Frühstückstisch d ☐

Markiere den Schluss des Aufsatzes: Zeile _____ bis Zeile _____

Kreuze an, was das Ehepaar nach dem Geschirrspülen unternimmt

- Es geht ins Schwimmbad. a ☐
- Es sonnt sich auf der Terrasse. b ☐
- Es sieht fern. c ☐
- Es fährt mit Fahrrädern weg. d ☐

2. Übung zu den Bildübergängen

Unterstreiche im Beispielaufsatz die Sätze, die die Übergänge zwischen den einzelnen Bildern herstellen.

3. Übung zu den Beispielen der Gleichberechtigung in der Bildergeschichte

Schreibe stichwortartig zu jedem Bild auf, wie die „Gleichberechtigung" zum Ausdruck kommt!

a) ______________________________ b) ______________________________

c) ______________________________ d) ______________________________

4. Übung zur Betrachtung der Bilddetails (Einzelheiten)

Nenne zu den Bildern 1 und 2 jeweils das Detail, das zum Ausschmücken der Beschreibung dient!

Bild 1: ____

Bild 2: ____

Die Lösungen findest du auf Seite 214.

Thema: Die Jacke

Arbeitsanweisung:

a) Schreibe zu den Bildern eine Geschichte! Gib deiner Geschichte eine passende Überschrift!

b) Die neue Jugend-Modezeitschrift „JuMo" macht eine Umfrage unter ihren 15–17-jährigen Leserinnen und Lesern. Die Zeitschrift möchte gerne wissen: Welche Kleidung (Art der Kleidung, Aussehen, Farbe ...) trägst du am liebsten bzw. lehnst du ab? Wie wichtig ist für dich die Kleidermode?
Du beteiligst dich an der Umfrage. Schreibe an „JuMo",
Postfach 1011, 70165 Stuttgart!

Ratschläge für die Bearbeitung

zu Aufgabe a:

Das kannst du tun:		Das erreichst du damit:
1. Leite deinen Aufsatz durch eine Bemerkung zu der Person oder zum Thema „Mode“ ein!	⇒	Deine Geschichte bekommt dadurch einen Aufhänger, der Leseinteresse weckt.
2. Fasse nicht die Bildergeschichte in Worte, sondern verwende die Bilder nur als Anregung für eigene, anschauliche Formulierungen!	⇒	Lebendige Erzählweise wirkt interessanter als eine reine Wiedergabe von Inhalt und Zusammenhang der Bilder.
3. Erzähle besonders ausführlich, wie es zu dem im letzten Bild dargestellten Sachverhalt gekommen ist. Beim Füllen der Handlungslücke kommt es darauf an, dass du eine originelle Idee hast.	⇒	Die originelle Idee unterscheidet deine Erzählung von anderen.
4. Verwende in deiner Erzählung Ausdrücke der modernen Jugendsprache und der Fachsprache der Mode!	⇒	Damit untermalst du, dass Mode und junge Leute und Sprache etwas mit dem Zeitgeschmack zu tun haben.
5. Überschrift und Schluss müssen zusammenpassen, indem sie verdeutlichen, wie es zu der Pointe am Schluss kommt.	⇒	Die Formulierung zeigt, dass du eine ausführlich erzählte Handlung auf den Punkt bringen kannst.

zu Aufgabe b:

Das kannst du tun:		**Das erreichst du damit:**
1. Formuliere Anrede und Grußformel dem Anlass entsprechend!	⇒	Man soll merken, dass eine Leserzuschrift junger Leute kein richtiger Geschäftsbrief ist.
2. Verwende Ausdrücke, wie sie junge Leute von heute gebrauchen!	⇒	Dein Brief wirkt dann echt und zeigt, dass du dem Anlass einer Sache angemessen schreiben kannst.
3. Deine Einstellung zur Mode darf im ganzen Brief bei den Beispielen, von denen du schreibst, deutlich werden.	⇒	Damit erfüllst du den Sinn der Leserzuschrift, deine Einstellung zur Mode mitzuteilen.
4. Fasse deine Einstellung im Schlussteil nochmals zusammen!	⇒	Du rundest damit die Aussage deines Briefes ab.

Lösungsvorschlag zu Aufgabe a

Wie aus einem Flop doch noch ein Hit wurde

Kleiderkauf macht nicht nur Mädchen Spaß. Auch Jungen stehen auf Mode, besonders Alex. Manchmal trägt er ganz flippige Sachen, die einem direkt ins Auge knallen. Einmal hat er aber übertrieben.

Er war mit seiner Mutter in der Stadt, um sich seine Haare mit Gel hochstylen zu lassen, was echt gut bei ihm wirkte. Beim anschließenden Bummel verliebte er sich in eine Jacke mit einem Schachbrettmuster aus großen, schwarzen und weißen Karos. „Die ist aber toll!", rief er spontan, als er sich bei der ebenso spontanen Anprobe im Spiegel betrachtete. Seine Mutter war zwar nicht begeistert, aber da sie gerade in Spenderlaune war, ging das Prachtstück in seinen Besitz über.

Leider erlebte Alex am nächsten Tag in der Schule eine bittere Enttäuschung. Als seine Mitschüler die großkarierte Jacke als *Clownjacke* bezeichneten, verging ihm sein Lachen und er fühlte sich hässlich und klein. Wer will schon, dass man auf ihn mit dem Finger zeigt, ihn verspottet und ihn mit hämischem Grinsen als Witzfigur abstempelt!

Als er von der Schule nach Hause kam, sah ihm seine Mutter den Frust deutlich an. „Alle lachen mich aus", schimpfte er, „die Jacke kannst du zur Altkleidersammlung geben, die zieh' ich nicht mehr an!"

Am nächsten Morgen wollte er die Jacke einfach im Schrank hängen lassen, aber in diesem Fall hatte er die Rechnung ohne seine Mutter gemacht. „Die Jacke wird angezogen! Du hast sie unbedingt haben wollen, jetzt trägst du sie auch", sagte sie mit erhobenem Zeigefinger und strengem Blick, „du wirst doch kein Feigling sein und vor deinen Klassenkameraden kneifen!"

In der Schule war es nicht viel anders als am Vortag. Und zur Mathestunde kam auch noch Lehrer Bös, der wegen seiner spitzen Bemerkungen und kleinen Bosheiten nicht sehr beliebt war. Leider machte Herr Bös auch an diesem Tag seinem Namen wieder einmal alle Ehre, indem er es offenbar auf Alex abgesehen hatte. Alex sollte nämlich die Quadratzahlen aufsagen. Aber schon bei 13 mal 13 kam er ins Stocken und wusste nicht mehr weiter. „Wer so viele Quadrate auf seiner Jacke hat, muss die Quadratzahlen doch wie im Schlaf können", sagte er genüsslich. „Morgen darfst du es wieder probieren, bis du sie bis 25 mal 25 automatisch kannst. Deine Jacke wird mich daran erinnern, dass ich das Abhören nicht vergesse!"

Der Tag war für Alex gelaufen. Und dass er seine Jacke verfluchte, war natürlich nicht verwunderlich. Doch er wusste auch, dass er sich nicht von der Jacke befreien konnte, und so zog er sie eben am nächsten Morgen wieder an.

Aber wie staunte er, als er in die Schule kam! Da standen seine Mitschüler, die ihn seiner karierten Jacke wegen verspottet hatten, genau in dem gleichen karierten Outfit da. „Gegen den Bös müssen wir doch zusammenhalten“, erklärten sie dem verdutzten Alex. „Reine Solidarität mit dir, jetzt hat er quadratische Auswahl!“

Und da war dann die Jacke plötzlich doch kein Flop mehr, sondern ein Hit als Zeichen des Zusammenhaltens.

Hier kannst du üben:

1. Übung zur inhaltlichen Reihenfolge

Als Einleitung könntest du etwas schreiben
- über das Verhalten junger Leute heutzutage a ☐
- über den Jungen Alex und seine Einstellung zur Mode b ☐
- über die Bedeutung der Mode für junge Leute c ☐

Kreuze an, welche der Möglichkeiten im Beispielaufsatz beschrieben wurde!

2. Übung zur Verwendung der Bilder

Die Eindrücke, die der Betrachter durch das „Anschauen" von Bildern hat, müssen beim Erzählen erst durch „anschauliche" Ausdrücke für den Leser hergestellt werden.

Ordne diese anschaulichen Ausdrücke durch Nummerierung den Bildern zu!

bittere Enttäuschung	→	Bild ___	verdutzt	→	Bild ___
staunte nicht schlecht	→	Bild ___	verspottet	→	Bild ___
verliebte sich	→	Bild ___	strenger Blick	→	Bild ___
das Lachen verging ihm	→	Bild ___	Frust	→	Bild ___

3. Übung zum originellen Ausfüllen der Handlungslücke

Grund dafür, dass alle am Ende eine karierte Jacke trugen, könnte sein:

Ein Popstar im Fernsehen trat mit einer solchen Jacke auf a ☐
Es gab solche Jacken im Kaufhaus am Ort zu Schleuderpreisen b ☐
Die anderen kauften gleiche Jacken aus Solidarität c ☐
Die anderen fanden die Jacke zuerst komisch, dann aber toll d ☐

Kreuze an, welche der Möglichkeiten im Beispielaufsatz verwendet wurde!

4. Übung zur Sprache

Notiere Ausdrücke aus der Umgangssprache junger Leute!

____

5. Übung zum Schluss

Schreibe die beiden Begriffe auf, mit denen der Verfasser in Überschrift und Schluss seine Deutung der Geschichte zum Ausdruck bringt!

Die Lösungen findest du auf Seite 214.

Lösungsvorschlag zu Aufgabe b

Katrin Prächtig
Hauptstr. 1
12345 Modernhausen

Modernhausen, den 12.4. …

An die
Jugend-Modezeitschrift
„JuMo“
Postfach 1011

70165 Stuttgart

Ihre Modeumfrage in JuMo

Hallo, Moderedaktion von JuMo!

Als modebewußte Leserin von JuMo beteilige ich mich gerne an der Umfrage. Ich heiße Katrin und bin 15 Jahre alt. Mit meinem glatten, schulterlangen, braunen Haar und meiner Körpergröße von 168 cm gehöre ich zu den schlanken, sportlichen Typen.

Wie viele Jugendliche stehe ich im Alltag auf Jeans. Da ich meine Figur nicht zu verstecken brauche, trage ich die Jeans gern eng, also top in Form. Ob in Black, Naturweiß, gebleichtem Blau oder verwaschenem Grün, Jeans sind für mich immer aktuell. Wenn ich sie abwechselnd mit einem T-Shirt aus gewaschener, reiner Baumwolle, unifarben oder mit Fotodruck, oder mit einem sportlichen Sweatshirt kombiniere, bin ich immer „neu“ angezogen. Zum Drüberziehen habe ich ein Kapuzenblouson für Regenwetter oder eine lässige, navy-blaue Jeansjacke für Sonnenschein – damit fühle ich mich wohl, in Schule und Freizeit.

Knallbunte oder übertrieben aufgemotzte Sachen lehne ich ab. An denen hat man sich schnell totgesehen. Ebenso wenig gefällt mir der Romantiklook mit tausend Blümchen oder Spitzenkrägelchen. Das erinnert mich zu sehr an Kindergeburtstag mit Tante und Oma. Ich ziehe moderne, grafische Muster vor.

Für mich gilt: Ich trage oben gerne weitgeschnittene Sachen und dazu enge Hosen oder schmale Röcke. Und wenn Hosen oder Röcke mal lässig ausfallen, kombiniere ich sie wenigstens mit einem figurbetonten Oberteil.

So ähnlich gehe ich auch in die Disco. Dann ziehe ich aber meistens etwas fließender geschnittene Sachen an und lege auch noch einen kleinen „Blickfang“ an, wie beispielsweise einen Gürtel aus silberfarbenem Leder mit auffälliger Schließe oder einen silbernen Armreifen und entsprechende Schuhe.

Allerdings mache ich nicht jeden Gag mit, sondern wähle aus dem neuen Trend aus. Und mit meinen Jeans bin ich immer „in“.

Meiner Meinung nach gilt deshalb: Modebewusstsein mit Augenmaß finde ich gut. Dazu gehört für mich, dass man sich an der Mode freuen kann und mit der Mode gehen sollte, ohne sich tyrannisieren zu lassen. Was meinen Geschmack angeht, so liebe ich Sportlichkeit und Harmonie.
Auf die Meinungen der anderen JuMofans bin ich schon sehr gespannt.

Mit guten Wünschen für Euer ganzes Redaktionsteam
grüßt Euch Eure JuMo-Leserin

Katrin

Hier kannst du üben:

1. Übung zur Einleitung

Hier sind zwei Einleitungsformeln gegenübergestellt. Entscheide durch Ankreuzen, wie die beiden Formeln wirken:

Die Anredeformel	Sehr geehrte Redaktion!	Hallo, Moderedaktion von JuMo!
– klingt vertraulicher		
– drückt mehr Distanz aus		
– passt eher zu einem ernsten Thema		
– weist die Schreiberin als flotten Typ aus		

2. Übung zum sprachlichen Ausdruck

Schreibe die Ausdrücke heraus, die den Verfasser der Leserzuschrift als flotten jungen Menschen von heute ausweisen:

____

____

____

3. Übung zur Verdeutlichung der Einstellung

Entscheide, welche der Aussagen die Verfasserin in der Leserzuschrift zum Ausdruck bringt. Streiche die nichtzutreffenden Aussagen weg und gib auch die Zeilen an, in denen die Aussagen deutlich werden:

Sie bevorzugt im Alltag:	Jeans – Rock und Bluse
Sie trägt oben gern:	enge Sachen – weite Sachen
Sie trägt unten gern:	enge Sachen – weite Sachen
Sie kleidet sich lieber:	extrem aufgemotzt – harmonisch
Sie mag mehr:	gedecktere Farben – knallbunte Farben
Sie kleidet sich eher:	figurbetont – lässig
Sie liebt mehr:	grafische Muster – Blümchen und Spitzen

Sie richtet ihre Kleidung nach dem Wetter:	ja – nein
Sie richtet sich auf die jeweilige Mode ein:	ja – nein
Sie ist modebewusst:	ja – nein
Sie macht jeden Modegag mit:	ja – nein
Sie sieht sich als sportlichen Typ:	ja – nein
Sie hat Sinn für Extras und Blickfang:	ja – nein

4. Übung zum Schlussteil

Drei Aussagen sind der Schreiberin als Ausdruck ihrer allgemeinen Einstellung zur Mode wichtig. Schreibe sie heraus.

Die Lösungen findest du auf Seite 215.

Thema: Reisen

Nie zuvor war Reisen so beliebt wie heute und nie zuvor buchten so viele Leute einen Auslandsurlaub.
Der Zeichner Loriot macht sich über einige Touristen lustig:

1

2

3

4

Loriot © Diogenes Verlag AG Zürich

Arbeitsanweisung:

a) Schreibe über das Verhalten der dargestellten Touristen und erkläre, auf welche Probleme der Zeichner hinweist!
b) „Wenn jemand eine Reise tut, so kann er was erzählen ..." Schreibe über ein Reiseerlebnis!

Ratschläge für die Bearbeitung

zu Aufgabe a:

Das kannst du tun:		**Das erreichst du damit:**
1. In der Einleitung kannst du dich mit dem Thema „Reisen“, der Darstellungsart „Cartoon“ oder der Person des Zeichners Loriot befassen!	⇒	Mit jeder dieser 3 Möglichkeiten stellst du für den Leser einen Bezug zu der Bildserie her.
2. Bei den Aussagen über die 4 Bilder ist es wichtig, den Sachverhalt durch treffende Ausdrücke zu erfassen!	⇒	Durch die Verwendung von speziellen Ausdrücken, die das Verhalten der Menschen kennzeichnen, kannst du die Absicht des Zeichners hervorheben.
3. Verwende für die Behandlung des Verhaltens der Touristen durch den Zeichner verschiedene Formulierungen!	⇒	Auf diese Weise wirkt dein Text abwechslungsreicher und du beweist dein Sprachvermögen.

zu Aufgabe b:

Das kannst du tun:		**Das erreichst du damit:**
1. Als Einleitung eignen sich Ausführungen, die den Leser in die Situation einführen oder die sein Leseinteresse wecken.	⇒	Der Leser gewinnt so schnell einen Bezug zu der erlebten Situation oder wird neugierig darauf, dein Erlebnis zu lesen.
2. Beginne deine Sätze häufiger mit einem Adjektiv!	⇒	Die Voranstellung eines Adjektivs macht deine Erzählung lebhafter, weil die Einleitung eines Satzes die Situation schnell kennzeichnet und sofort erfassbar macht.
3. Kündige die Höhepunkte deiner Erzählung durch Neugier weckende Formulierungen an!	⇒	Auf diese Weise steigerst du die Spannung und Wirkung deiner Erzählung.
4. Kommentiere das erzählte Erlebnis im Schlussteil und schreibe etwas über seine weiteren Auswirkungen!	⇒	Die Kommentierung zeigt, dass du Erlebtes nicht nur wiedergeben kannst, sondern dass du dir auch Gedanken darüber machst.

Lösungsvorschlag zu Aufgabe a

Über das Verhalten bei Reisen

Als Satiriker nimmt Loriot in dieser Cartoonserie typische Verhaltensweisen von Touristen unter die Lupe. Mit seinem Zeichenstift greift er solche Situationen heraus, in denen er das Verhalten der Personen in Übertreibung darstellen kann. Damit erreicht er zweierlei: Wir werden auf die Probleme aufmerksam gemacht und wir amüsieren uns gleichzeitig darüber.

Zunächst hält Loriot allen Leuten einen Spiegel vor, die durch die Gegend reisen und zu jeder Gelegenheit die Kamera zücken. Ist der Blickwinkel so eingeengt, wird außer ein paar malerischen Bildern fürs Fotoalbum oder für den Diakasten oder die Videosammlung daheim nicht viel an Eindrücken übrig bleiben. Der Blick für das Wesentliche eines fremden Landes geht dadurch verloren. Nur wenn alle Sinne geschärft sind und eine fremde Umgebung mit offenem Blick erkundet wird, kann ein echtes Reiseerlebnis entstehen. Für Loriot ist ein Fototourist, der alles nur aus dem Blickwinkel seines Objektivs betrachtet, nur ein „Schmalspur-Reisender".

Wie es einem Rüpel im Süden ergeht, der sich in seinen Bermudashorts für unwiderstehlich hält und jegliche Erziehung vergisst, stellt Loriot auch an den Pranger. Die rassige Südländerin, die unter Palmen am Brunnen wäscht, lässt sich nicht als Freiwild betrachten und auf den Po klatschen. Loriot quittiert diesen Erziehungsmangel mit einem „Veilchen". Es bleibt offen, ob der Tourist sein blaues Auge von der südlichen Schönen oder von dem finster dreinblickenden Einheimischen hat. Wichtig ist für Loriot, dass derjenige, der ein fremdes Land bereist, sich dort als gesitteter Gast benehmen soll.

Es gibt Leute, die im Urlaub „ihren halben Haushalt" mitnehmen. Übertrieben dargestellt wird dies am Beispiel des häuslichen Sofas mit Schlummerkissen, das natürlich nicht in das Zelt passt. Wer auf Reisen geht, benutzt eine Luftmatratze oder Campinggegenstände. Aufs Korn werden die Leute genommen, die auch im Urlaub nicht auf ihre eingefahrenen Gewohnheiten verzichten können und deshalb unnötigen Ballast durch die Gegend fahren.

Schließlich nimmt Loriot auch jene Touristen auf die Schippe, die von ihrem Urlaub unbedingt etwas für die gute Stube mitheimbringen wollen: ein Souvenir. Loriots Souvenirjäger ist unverkennbar in Paris gewesen und hat dort eine ganze Menge Eiffeltürme zusammengekauft, um sie daheim zu präsentieren – als Bilder, als Figuren, einzeln und als Serie, von der Miniatur bis zur Mannesgröße. Loriot zielt hier auf alle Souvenirkäufer ab, die nicht genug kriegen können von Ramsch und wertlosen Mitbringseln. Eiffeltürme aus Paris, Minilederhosen aus Bayern und Texashüte aus Amerika sind eine wertlose Sammelung und ein Armutszeugnis für den Reisenden.

Mit seinen Bildern erteilt uns Loriot eine kurzweilige Lehrstunde über Tourismus, wie er eigentlich nicht sein sollte. Wer an diesem unterhaltsamen Anschauungsunterricht Spaß und sich vielleicht selbst ein bisschen in seinem Verhalten wiedererkannt hat und wer damit über sich selbst gelacht hat, ist auf dem Weg zur Besserung. Für ihn hat Loriot seine Bilderserie gemacht. Wer sich aber nicht belehren läßt, läuft vielleicht Gefahr, demnächst selbst in einem neuen Cartoon Loriots in Erscheinung zu treten und bloßgestellt zu werden.

Hier kannst du üben:

1. Übung zur Einleitung

Als Einleitung kannst du darüber schreiben,

- wie sich die Leute im Urlaub oft verhalten a ☐
- welche Bedeutung das Reisen heutzutage hat b ☐
- welche Absicht Cartoonzeichner mit ihren Bildern verfolgen c ☐
- was eine Satire ist d ☐
- was Loriot mit seiner Bilderserie beabsichtigt e ☐
- was du über den Zeichner Loriot weißt f ☐

Kreuze an, welche der Möglichkeiten im Beispielaufsatz beschrieben wurde!

2. Übung zur Wortwahl bei den Aussagen über die Bilder

Bei den Aussagen über die Bilder in den 4 Abschnitten des Hauptteils benutzt der Verfasser Ausdrücke, die das dargestellte Verhalten besonders gut treffen. Vermerke bei jedem Ausdruck, zu welchen der markierten Abschnitte er gehört:

unnötiger Ballast	a	☐	„Veilchen“ als Quittung	g	☐
Rüpel	b	☐	Schmalspur-Reisender	h	☐
Fototourist	c	☐	als Freiwild betrachten	i	☐
eingeengter Blickwinkel	d	☐	wertlose Sammelung	k	☐
Souvenirjäger	e	☐	Erziehungsmangel	l	☐
eingefahrene Gewohnheit	f	☐	Blickwinkel des Objektivs	m	☐

3. Übung zur Wortwahl für das Vorgehen des Zeichners

Loriot befaßt sich mit dem Verhalten der Touristen. In jedem Abschnitt ist eine andere Formulierung dafür verwendet, was Loriot mit dem Verhalten der Touristen macht. Dadurch kommt Abwechslung in den Text. Schreibe diesen Ausdruck für jeden Abschnitt heraus!

Im 1. Abschnitt: unter die Lupe nehmen

Im 2. Abschnitt: ______________________

Im 3. Abschnitt: ______________________

Im 4. Abschnitt: ______________________

Im 5. Abschnitt: ______________________

Im 6. Abschnitt: ______________________

Die Lösungen findest du auf Seite 215.

Lösungsvorschlag zu Aufgabe b

Ein Reiseerlebnis

Die Anfahrt zu unserem Urlaubsort in Spanien war weit und sehr anstrengend. Um schneller voranzukommen und vor allem um der Hitze zu entgehen, waren wir mit unserem Auto in der Nacht gestartet. Aber als wir durch das Rhonetal fuhren, merkten wir, dass leider andere auch so gedacht hatten wie wir. Und so quälten wir uns im Stop-and-go-Verfahren über die Autobahn.

Zunächst war unsere Stimmung recht gut und wir unterhielten uns lebhaft. Als aber die Sonne höher stieg und die Autoschlange kein Ende hatte, wurde unsere Stimmung immer schlechter. Sie sank sogar auf den Nullpunkt, als Mutter feststellte, dass die Thermosflasche leer sei. Alle waren daher froh, als Vater verkündete: „Die nächste Ausfahrt fahre ich ab, ich brauche unbedingt eine Pause, Ruhe und Schatten!"

Tatsächlich waren wir die einzigen, die diese gottverlassene Ausfahrt benutzten. Inzwischen war es Mittag und alle litten unter Durst und der Sommerhitze. Ein ausgestorbenes Nest war aber alles, was uns erwartete. Enttäuscht wollten wir schon umkehren, als wir einen Hügel entdeckten, der von einem einsamen Landgasthof einladend gekrönt wurde. Kurz entschlossen fuhren wir den schmalen Weg hinauf. Zu unserem Ärger entdeckten wir, dass wir keineswegs allein waren. Eine gut gelaunte, lebhafte Hochzeitsgesellschaft hielt die Tische und Bänke unter der schattenspendenden Pinie besetzt. Betreten standen wir da und wollten uns wieder auf den Rückzug machen. Doch da kam alles ganz anders!

Mit einem Schwall französischer Worte, die wir leider nicht verstanden, redete man auf uns ein, rückte zusammen und bot uns mitten unter den Hochzeitsgästen Platz an. Im Nu wurde uns aufgedeckt und serviert. Gestikulierend ermunterte man uns von allen Seiten zum Essen und prostete uns zu. Wir konnten gar nicht anders, wir mussten essen und trinken! Verstohlen blickten wir uns an, als das Menü überhaupt nicht enden wollte, und Mutter flüsterte: „Was das wohl alles kosten wird – die halbe Urlaubskasse wird gleich am Anfang draufgehen!" Doch Vater erwiderte trocken: „Mitgegangen – mitgehangen!" Den fröhlichen Menschen ringsum schien unsere Anwesenheit ganz selbstverständlich zu sein. Sie nickten uns immer wieder zu und taten so, als ob wir dazugehörten. Schließlich winkte Vater den Wirt heran, zückte seinen Geldbeutel und gab zu verstehen, dass er die Rechnung zahlen wolle. Aber da erlebten wir eine große Überraschung! Lachend winkte der Wirt ab und deutete auf einen vornehm gekleideten Mann am Ende des Tisches, zu dem sich Vater wohl oder übel begeben musste. Zaghaft folgten Mutter und ich. Von jenem Unbekannten wurde uns aber die Sache leicht gemacht. Vaters Geldbeutel übersah er ganz einfach. Dafür nahm er uns alle nacheinander in den Arm und drückte jedem einen Kuss erst rechts, dann links auf die Wange. Dann geleitete er uns als vollendeter Gastgeber zu unserem Auto.

Wortlos waren wir schon ein gutes Stück in Richtung Autobahn gefahren, bis wir endlich aus unserer Sprachlosigkeit erwachten. „Ein tolles Erlebnis, furchtbar nette Leute!“ „So was gibt's doch gar nicht. Das müsste bei uns erst mal passieren!“ „Echte Gastfreundschaft!“ So lauteten unsere Kommentare und Vater bemerkte: „Wenn wir das zu Hause erzählen, das glaubt uns keiner!“ Dass der Rest der Fahrt dann ganz leicht fiel, braucht nach diesem Erlebnis eigentlich gar nicht mehr erwähnt zu werden.

Hier kannst du üben:

1. Übung zur Einleitung

Als Einleitung eignen sich:

- Anlass und Ziel der Reise a ☐
- Ausführungen über die Häufigkeit von Erlebnissen auf Reisen b ☐
- Verlauf der Reise bis zum Beginn der Erlebnis-Situation c ☐
- Interesse weckende Ankündigung eines besonderen Erlebnisses d ☐

Kreuze an, welche der Möglichkeiten im Beispielaufsatz verwendet wurde!

2. Übung zur Wortwahl

Die Sätze beginnen häufig mit einem kennzeichnenden Eigenschaftswort (Adjektiv) oder Mittelwort (Partizip), um den Aufsatz attraktiver zu machen. Schreibe alle Adjektive und Mittelwörter auf, die am Satzanfang stehen!

____

____

3. Übung zum Höhepunkt der Erzählung

An zwei Stellen werden Höhepunkte der Handlungen durch Sätze angekündigt, die den Leser neugierig machen sollen. (3. und 4. Abschnitt)

Schreibe diese Sätze heraus!

____

____

4. Übung zum Schlussteil

Im Schlussteil kommentiert der Verfasser des Beispielaufsatzes sein Erlebnis.

Sieht er das Erlebnis positiv ☐ oder negativ ☐

Schreibe auf, welche Idee der Verfasser hat, um seine Bewertung des Erlebnisses niederzuschreiben!

____

Die Lösungen findest du auf Seite 215.

Thema: Haushalt

Arbeitsanweisung:

a) Beschreibe die dargestellte Situation! Äußere dich auch, wie sich die Mutter vermutlich fühlt!

b) Es kann nicht allein die Aufgabe der Mutter sein, den Haushalt in Ordnung zu halten. Schreibe, was jeder einzelne in einer Familie dazu beitragen kann, die Mutter zu entlasten!

Ratschläge für die Bearbeitung

zu Aufgabe a:

Das kannst du tun:		**Das erreichst du damit:**
1. Fasse als Einleitung zusammen, worum es in dem Bild geht! Benenne deinen Eindruck mit einem entsprechenden aussagekräftigen Ausdruck!	⇒	Du machst dadurch sofort klar, dass du den Sinn des Bildes richtig einschätzen und benennen kannst.
2. Wähle für die Beschreibung des Bildes eine sinnvolle Reihenfolge!	⇒	Du vermeidest damit, dass deine Beschreibung ähnlich durcheinander gerät wie die Darstellung auf dem Bild.
3. Schreibe im Schlussteil, was die Mutter wohl von dieser häuslichen Arbeitsverteilung hält! Stelle dabei eine Beziehung zur Einleitung her!	⇒	Diese Gedanken zeigen, dass du aus der Beschreibung die richtigen Konsequenzen ziehen kannst.

zu Aufgabe b:

Das kannst du tun:		**Das erreichst du damit:**
1. Begründe als Einleitung die Bedeutung des Problems heutzutage! Benutze dafür Ausdrücke aus der Sprache der öffentlichen Diskussion über dieses Problem!	⇒	Dem Leser wird dadurch die Wichtigkeit des Themas bewusst. Die allgemein bekannten Begriffe unterstreichen den Lebensbezug des Themas.
2. Wähle für den ausführlichen Hauptteil, in dem du viele Beispiele aufzählen musst, ein leicht überschaubares Aufbauprinzip!	⇒	Dieser Aufbau macht es möglich, deinem Gedankengang – trotz der Aufzählung vieler Einzelbeispiele – leicht zu folgen.
3. Komme am Ende auf das Ausgangsproblem zurück und stelle wichtige Auswirkungen der Mithilfe im Haushalt heraus!	⇒	Du zeigst damit, dass du den Zusammenhang von Ursache, Handeln und Folge daraus überblickst.

Lösungsvorschlag zu Aufgabe a

Haushalt

Jeder hat wohl schon mal das Gefühl gehabt, dass er vor einem Berg steht, den er nicht bewältigen kann. Genauso muss es jener Mutter in dem Augenblick ergehen, der unter dem Titel „Haushalt“ ins Bild gesetzt ist. Dem Betrachter wird Einblick in ein turbulentes Durcheinander in Küche, Kinder- und Wohnzimmer gewährt, und wenn er sich näher darauf einlässt, dann gerät die ganze Situation zum „Horror-Trip-Haushalt“.

Wir haben es mit einer 6-köpfigen Familie zu tun. Während die Mutter dabei ist, einen Stoß schmutziger Teller und Schüsseln in die Küche zu tragen, lümmeln sich drei der Kinder um den halb abgeräumten Esstisch. Das Kleinste thront unbeaufsichtigt auf seinem Kinderhochstuhl, grapscht mit der einen Hand ins Essen und schmiert sich mit der anderen mit einem Löffel Brei um den Mund. Seine größere Schwester macht es nicht besser. Seitwärts zum Tisch sitzend, den ganzen Arm um den Teller gelegt, stopft sie sich Spaghetti in ihren Mund und kleckert ungeniert ihre Serviette voll. Der Vater hält inzwischen den dritten Esser, einen Buben im Flegelalter, in Schach und weist ihn mit unmissverständlicher Gebärde auf das heillose Durcheinander im Kinderzimmer hin: Unordentlich quillt dort das Bettzeug aus dem Gitterbett, der Boden ist mit Spielzeug übersät, der umgeworfene Hocker versperrt den Zugang. Nicht anders sieht es allerdings in der Küche aus, wo sich das schmutzige Geschirr und die zum Kochen benötigten Dinge türmen. Da gibt es keinen einzigen freien Abstellplatz: Der Herd ist ebenso belagert wie die Backofentür und die Anrichte. Der überlaufende Mülleimer, die offenstehende Tür des Geschirrschrankes und der auf dem Boden liegende Löffel machen das Chaos perfekt. Da wirkt es schon sehr provozierend, wie es sich das vierte Kind, ein Mädchen, von allem unbeeindruckt, lässig in einem Sessel bequem gemacht hat. Seine Aufmerksamkeit gilt halb der unappetitlichen Eßszene und halb einem bebilderten Heftchen, in dem es blättert.

Unordnung, mangelnde Organisation und schlechte Tischsitten kennzeichnen diese Familienszene. Es ist nicht der Haushalt, der von der Familie beherrscht, sondern die Familie, die vom Haushalt beherrscht wird. Dass die Mutter als Hauptleidtragende vor einem Berg von Arbeit steht und sich wohl völlig überfordert fühlt, wurde schon erwähnt. Man kann sicher sein, dass sie mit dieser Arbeitsteilung unzufrieden ist und dass es ihr durch den Kopf geht, dass es so nicht weitergehen kann.

Und so könnte ihre Vorstellung davon aussehen, wie es richtig wäre: Während die Mutter kocht, räumen die Kinder ihr Zimmer auf. Der Vater gibt sich mit dem Krabbelkind ab. Die Kinder decken den Tisch. Inzwischen bringt die Mutter die Küche in Ordnung. Und nach dem gemeinsamen Essen mit ordentlichen Manieren helfen alle zusammen beim Geschirrabräumen und Abwasch, und wechselweise betreut jemand den Jüngsten. Danach gibt es Freizeit für alle.

Wenn alle helfen, ist der vermeintliche Berg rasch abgetragen und der Horror gestoppt.

Hier kannst du üben:

1. **Übung zur Einleitung**
   Zur Benennung der Bildaussage kannst du Ausdrücke verwenden, die eine ähnliche Bedeutung haben wie diese:

totales Chaos	a ☐	turbulentes Durcheinander	c ☐
nicht zu bewältigender Berg	b ☐	unglaublicher Wust	d ☐

   Kreuze an, welche Ausdrücke in der Aufsatzeinleitung verwendet wurden!

   Der Verfasser des Beispielaufsatzes hatte eine besondere Idee zur Benennung des Eindrucks von diesen häuslichen Verhältnissen.

   Schreibe diesen Ausdruck auf: ______________________________

2. **Übung zur Reihenfolge**
   Kreuze an, welche dieser Reihenfolgen im Beispielaufsatz gewählt wurde!
   Beschreibung erst der Personen, dann der Räume — a ☐
   Beschreibung erst der Räume, dann der Personen — b ☐
   Beschreibung von Raum – Person – Einheiten — c ☐

3. **Übung zur Auslegung des Schlussteils**
   Schreibe die Ausdrücke heraus, die die Gefühle der Mutter umschreiben!

   In Zeile 32–35: ______________________________

   Zur Darstellung der Verbesserungsvorschläge hast du verschiedene Möglichkeiten. Kreuze an, welche Möglichkeit im Beispielaufsatz verwendet wurde!
   Die Mutter kann ihre Vorschläge in wörtlicher Rede sprechen. — a ☐
   Die Vorschläge können als Gedanken erscheinen. — b ☐
   Die Vorschläge können als Kommentar zu dem Bild formuliert werden. — c ☐

   Zum Schluss nimmt der Verfasser auf die Einleitung wörtlich Bezug.
   Schreibe auf, auf welche Weise er dies erreicht!

   ____

Die Lösungen findest du auf Seite 216.

Lösungsvorschlag zu Aufgabe b

Was jeder Einzelne in einer Familie dazu beitragen kann, die Mutter zu entlasten

Da heutzutage viele Mütter halb- oder sogar ganztägig berufstätig sind, sollte es eigentlich selbstverständlich sein, dass bei den anfallenden Arbeiten im Haushalt von den übrigen Familienmitgliedern mitgeholfen wird. Damit wird die Doppelbelastung der Mutter gemildert und ihre Kräfte werden nicht überfordert.

Um einen Haushalt in Ordnung zu halten, müssen zahlreiche und von einander ganz unterschiedliche Aufgaben erledigt werden. Dabei fallen leichte Tätigkeiten an, die sogar die jüngeren Kinder bewältigen können. Eine ganze Reihe von anspruchsvolleren Tätigkeiten erfordern mehr Geschicklichkeit und können erst von älteren Kindern übernommen werden. Letztlich bleiben solche speziellen Arbeiten übrig, die entweder fachliches Können voraussetzen oder zu gefährlich für Kinder und deshalb nur von Erwachsenen auszuführen sind.

In die Kategorie der leichten Tätigkeit gehört all das, was zur Ordnung im Haushalt beiträgt. Selbst kleinere Kinder können ihr Zimmer aufräumen, ihr Bett machen, ihre Kleider zusammenfalten. Auch das Tischdecken und Abräumen und das Hinaustragen des Mülleimers gehören dazu.

Wo die Jüngsten noch Schwierigkeiten haben, helfen die etwas älteren Kinder mit, wie beispielsweise beim Anziehen oder Kofferpacken. Etwas schwieriger sind Aufgaben, die zur Sauberkeit und Pflege des Haushalts gehören: Zum Spülen und Geschirrabtrocknen ist schon etwas Anleitung nötig, damit nicht allzuviel zu Bruch geht. Wenn mit Unzerbrechlichem begonnen wird, kann man sich mit gutem Willen bis zu Mutters feinstem Porzellan hochdienen. Mit etwas Geduld wird der erste unbeholfene Einsatz dann bald zur echten Hilfe und auch das Selbstwertgefühl wird gestärkt. Das gilt auch für solche Tätigkeiten wie Schuheputzen, Abstauben und Säubern von Waschbecken im Badezimmer.

Staubsaugen wird vielleicht eher eine Tätigkeit für den Vater sein, da Kraftaufwand, Gründlichkeit und Geschick gefragt sind, damit die Räume sauber, die Möbel aber nicht beschädigt werden. Mit Tätigkeiten wie dem Fensterputzen oder dem Wischen der Böden bleiben noch genug Reinigungsarbeiten übrig, die wechselweise von Vater oder Mutter erledigt werden können.

Bei der Wäschepflege wiederum kann jeder nach Können seinen Beitrag leisten. Die Mutter sortiert die Wäsche und bestimmt das Waschprogramm der Maschine. Das Aufhängen der Wäsche können die etwas größeren Kinder übernehmen. Die folgende Bügelarbeit dagegen gehört schon fast in die Gruppe der Tätigkeiten für Experten. Im jugendlichen Alter ist sie aber durchaus auch über problemlose Handtücher hinaus erlernbar. Zu den Arbeiten für echte Meister im Haushalt gehören solche, die auch in der Berufswelt Anerkennung finden: Kochen, Backen, Nähen und Reparaturen aller Art. Aber auch hier fallen untergeordnete oder vorbereitende Handgriffe an, die von Vater oder Mutter den Kindern übertragen werden können: Das Einkaufen kann beispielsweise – wenn es sich nicht um den wöchentlichen Großeinkauf handelt – von den Kindern übernommen werden. Kartoffel schälen oder Salat putzen sind ebenfalls Hilfeleistungen, die leicht erlernbar sind. Und vielleicht versucht sich der Vater am Wochenende einmal als Küchenmeister.

Natürlich wird von den Kindern keine Schneiderarbeit verlangt, aber einen Knopf annähen oder ein Loch im Strumpf stopfen, das lernen heutzutage sogar die Buben in der Schule.

Reparaturen im Haushalt erfordern den Vater als Handwerker. Der tropfende Wasserhahn, der verstopfte Abfluss oder die defekte Schnur des Bügeleisens sieht ihn am Werk. Nichts hindert jedoch die Tochter oder den Sohn, ihm beim Zureichen des Handwerkzeugs über die Schulter zu schauen und manchen Kniff zu erlernen.

Ob als Haushaltslehrling, Geselle oder Meister – jeder wird gebraucht und ist willkommen, wenn er Zeit hat und guten Willen mitbringt. Wenn jeder seinen Fähigkeiten gemäß zupackt, dann trägt er dazu bei, die Mutter soweit zu entlasten, dass unverbrauchte Energien der Familie auf andere Weise zugute kommen.

Hier kannst du üben:

1. Übung zur Einleitung

Kreuze an, welche Begriffe aus der öffentlichen Diskussion des Themas im Beispielaufsatz gebraucht wurden!

Babysitter	a ☐	berufstätig	e ☐	Stress	i ☐
Gleichberechtigung	b ☐	überfordert	f ☐	Freizeit	k ☐
Familienmitglieder	c ☐	Doppelverdiener	g ☐	mithelfen	l ☐
ganztags/halbtags	d ☐	Doppelbelastung	h ☐	Hausmann	m ☐

2. Übung zum Aufbauprinzip des Hauptteils

Im ersten Abschnitt des Hauptteils sind die Tätigkeiten und die Familienmitglieder in drei Arten eingeteilt: Trage sie in die Tabelle ein!

Tätigkeiten: ____________________ geeignet für ____________________

____________________ ____________________

____________________ ____________________

Entscheide durch Ankreuzen, welches dieser Aufbauprinzipien für den Beispielaufsatz gewählt wurde!

- Einteilung in Abschnitte zu jeder der 3 Tätigkeitsarten mit Einzelbeispielen dazu a ☐
- Einteilung in Abschnitte, von denen jeder alle 3 Tätigkeitsarten mit Beispielen enthält b ☐
- Zunächst Abschnitte zu den Tätigkeitsarten getrennt, dann Abschnitte, von denen jeder alle 3 Tätigkeitsarten mit Beispielen enthält. c ☐

3. Übung zum Schluss

Kreuze an, welches Ergebnis der Mithilfe der Verfasser besonders herausstellt!

bessere Stimmung	a ☐	mehr Zeit für Familienleben	c ☐
mehr Freizeit für alle	b ☐	gerechtere Belastungsverteilung	d ☐

Die Lösungen findest du auf Seite 216.

Thema: Die Entscheidung

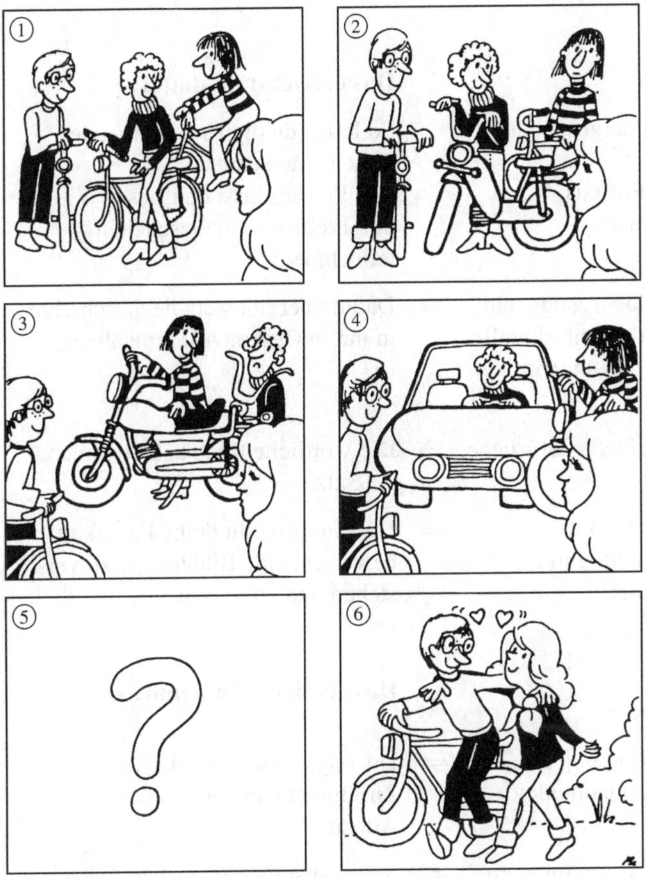

Arbeitsanweisung:

a) Schreibe aus der Sicht des Mädchens o d e r eines der Jungen eine Geschichte und gib ihr eine passende Überschrift!

b) Eine Jugendzeitschrift startet eine Umfrage zum Thema „Partnerwahl“. Sie will wissen, wie sich Mädchen und Jungen zwischen 15 und 17 Jahren den idealen Partner/die ideale Partnerin vorstellen. Wie wird deiner Meinung nach der „ideale“ Partner/die „ideale“ Partnerin „aussehen“? Schreibe!

Ratschläge für die Bearbeitung

zu Aufgabe a:

Das kannst du tun:		Das erreichst du damit:
1. Betrachte die Bildergeschichte ganz genau! Schreibe sie im Präsens (Gegenwartsform)!	⇒	So lernst du die zu schreibende Geschichte kennen. Das Präsens lässt den Leser unmittelbarer am Geschehen teilnehmen.
2. Gestalte die Bildübergänge und das fehlende Bild phantasievoll, aber passend zu den anderen Bildern!	⇒	Dadurch ergibt sich die Geschichte in ihrem Gesamtzusammenhang.
3. Baue in die Geschichte wörtliche Rede ein!	⇒	Die wörtliche Rede belebt deinen Aufsatz.
4. Suche nach dem Sinn der Geschichte und stelle ihn im Schlussteil kurz dar!	⇒	Du kannst damit deine Fähigkeit beweisen, eine Bilderfolge zu verstehen und zu deuten.

zu Aufgabe b:

Das kannst du tun:		Das erreichst du damit:
1. Versuche die Erörterung an die Bildergeschichte anzubinden!	⇒	Du zeigst den thematischen Zusammenhang der beiden Aufsätze.
2. Erstelle eine Stoffsammlung zu Verhaltensweisen und Eigenschaften eines idealen Partners bzw. einer idealen Partnerin!	⇒	So erhältst du einen Überblick über wesentliche Gesichtspunkte des Themas.
3. Ordne deine Wunschvorstellungen im Aufsatz so an, dass eine Steigerung abzulesen ist!	⇒	Auf diese Weise machst du die Wichtigkeitsgrade deiner Vorstellungen deutlich.

Lösungsvorschlag zu Aufgabe a

Die Angeber

Hans, Franz und ich, Klaus, treffen uns fast jeden Samstagmittag auf einem kleinen Platz am Ende der Straße, in der wir wohnen.

Heute kommen wir mit Fahrrädern, denn es ist frühlingshaft warm und wir haben eine Radtour an den Rhein vor. Zunächst aber plaudern wir über die Geschehnisse der Woche. In drei Wochen machen wir die Gesellenprüfung. Darüber gibt es viel zu erzählen. „Wenn doch nur die schriftlichen Arbeiten schon vorbei wären“, stöhne ich. „Am meisten Angst habe ich vor Fachrechnen“, sagt Franz. Als wir gerade losfahren wollen, kommt Susi des Weges. Sie gefällt uns. Ich mag besonders ihre langen, blonden Haare. Hans fasst sich ein Herz: „Willst du mit mir an den Fluss?“ Susi zögert. Ich bin von ihr so beeindruckt, dass ich das Verschwinden von Hans gar nicht bemerke. Da kommt er wieder angefahren, aber diesmal mit seinem neuen Mofa. Franz guckt ganz schön verdutzt. Aber Susi beachtet das Mofa überhaupt nicht; sie schaut zu mir herüber. Ich werde immer verlegener. „Was du kannst, kann ich auch“, denkt Franz. Unbemerkt fährt er ebenfalls nach Hause. Minuten später hört man das Knattern seines Motorrades. Stolz will er es Susi vorführen. Diese aber wendet keinen Blick mehr von mir. Ich schiebe mein Fahrrad in ihre Nähe. Hans ist sehr wütend. Mit grimmiger Miene schwingt er sich auf sein Mofa, um das Auto seines älteren Bruders zu holen. „Jetzt wird sie mir ihre Aufmerksamkeit schenken“, denkt er, als er geräuschvoll auf uns zufährt. Er steigt aus und spricht Susi an: „Steig ein, wir können schon vorausfahren. Wenn du magst, können wir zwei auch eine Spazierfahrt machen.“ Susi weiß, was sie tun will. „Nein“, sagt sie zu Hans, „fahre, wohin du willst, ich möchte mit Klaus spazierengehen.“

Hans und Franz verschlägt es die Sprache. Kopfschüttelnd fährt jeder davon. „Endlich sind wir allein“, sagt Susi. „Diese Angeber kann ich überhaupt nicht leiden. Dich finde ich nett, du bist so bescheiden.“

Umschlungen spazieren wir durch den nahen Park, ich mein Fahrrad schiebend. Seit heute weiß ich, dass es nicht großer Reichtümer bedarf, um die Zuneigung eines Menschen zu gewinnen.

Hier kannst du üben:

1. **Übung zum Präsens**
   Markiere im Musteraufsatz die ersten 10 Präsensformen!

2. **Übung zu den Bildübergängen**
   Schreibe die Bildübergänge auf!

   Erster Übergang:

   ____

   Zweiter Übergang:

   ____

   Dritter Übergang:

   ____

   Vierter Übergang:

   ____

   Fünfter Übergang:

   ____

3. **Übung zur wörtlichen Rede**
   Unterstreiche die Sätze, die Susi spricht!

4. **Übung zum Schluss**
   Umrande den Abschnitt, in dem der Sinn der Bildergeschichte steht!

Die Lösungen findest du auf Seite 216.

Lösungsvorschlag zu Aufgabe b

Wie ich als Mädchen über den „idealen Partner“ denke

Da ich ungefähr so alt bin wie die Jugendlichen in der Bildergeschichte, kann ich mich gut in deren Gedanken und Gefühle versetzen. Einerseits möchte ich meinen Kameraden gefallen, ich mache mich hübsch für sie, versuche aufzufallen. Zum anderen betrachte ich die Jungen viel kritischer als früher, ich sehe sie eben mit anderen Augen, mit den Augen einer Sechzehnjährigen. Oft überlege ich mir, wie mein „Traum-Junge“ aussehen sollte.

Es gibt einige Verhaltensweisen und Eigenschaften, die ich mir wünsche.

Natürlich sollte er gut aussehen und modisch gekleidet sein. Wie jedes junge Mädchen möchte ich auffallen, wenn ich mit ihm durch die Straßen gehe.

Außerdem wäre es schön, wenn er sportliche Fähigkeiten hätte. Da ich selbst sportbegeistert bin, könnten wir dann einen Teil unserer Freizeit z. B. im Schwimmbad oder auf einem Sportplatz verbringen.

Ein künftiger Partner sollte auch zuhören können, d. h. für meine Probleme stets ein offenes Ohr haben. Dahingehend beneide ich meine Freundin fast ein bisschen. Sie hat seit ein paar Monaten einen Freund, mit dem sie Erlebnisse, Sorgen und Nöte besprechen kann.

Ehrlichkeit ist eine weitere Forderung, die ich an einen Partner stelle. Ich wäre unglücklich, wenn ich ihn bei Unwahrheiten und Lügen ertappen würde. Ja, Ehrlichkeit ist einer der wichtigsten Gesichtspunkte für eine glückliche Zweisamkeit.

Von einem Partner erwarte ich vor allem auch ein liebevolles und zärtliches Verhalten. In der Disko kann man häufig Pärchen sehen, die lieb miteinander umgehen. Dabei legt er immer wieder seinen Arm um ihre Schultern oder er nimmt vertraut ihre Hand. Von so einem harmonischen Verhältnis träume ich.

Treu müßte mein Partner auch sein! Ich könnte es nicht ertragen, ihn der Untreue überführen zu müssen. Die Konsequenz wäre sicher eine baldige Trennung. Das klingt hart, aber ich glaube, ich könnte Untreue nicht verzeihen, weil mein Vertrauen zum Partner zerstört wäre.

Wenn mein idealer Partner so „aussehen“ würde, wäre ich stolz auf ihn und wir könnten gemeinsam eine glückliche und harmonische Beziehung aufbauen.

Hier kannst du üben:

1. Übung zur Einleitung

Den Zusammenhang zur Bildergeschichte kannst du herstellen

- über gleiches Alter und gleiche Gedanken und Gefühle wie die Jugendlichen in der Bildergeschichte a ☐
- über eine ähnliche, beobachtete Situation b ☐
- über ein ähnliches Erlebnis c ☐

Kreuze an, mit welcher Möglichkeit der Beispielaufsatz beginnt!

2. Übung zur Stoffsammlung

ehrlich, hilfsbereit, gut erzogen, zielstrebig, treu, eigene Meinung haben, nicht eifersüchtig sein, gut aussehen, humorvoll, selbstbewusst, intelligent, modisch gekleidet, verständnisvoll, rücksichtsvoll, zuhören können, zuverlässig, sportlich, liebevoll und zärtlich

Unterstreiche in der obigen Stoffsammlung die Wunschvorstellungen bezüglich des Partners, die im Beispielaufsatz vorkommen!

3. Übung zur Rangfolge der Gesichtspunkte

Schreibe die Wunschvorstellungen in der Reihenfolge auf, wie sie die Schreiberin des Aufsatzes anführt!

Die Reihenfolge gibt Auskunft darüber, was der Schreiberin am wichtigsten ist.

____

____

____

Kreuze an, was der Schreiberin wichtiger ist:
die äußere Erscheinung ☐
oder
der Charakter ☐

Die Lösungen findest du auf Seite 217.

Thema: Medien

Arbeitsanweisung:

a) Erzähle die Bildergeschichte und führe sie weiter! Denke dabei auch daran, was die Mutter fühlt.
Suche eine passende Überschrift!

b) Fernsehen ist eine beliebte Freizeitbeschäftigung.
Schreibe über die Vorteile und Nachteile, die das Fernsehen dir und deiner Familie bringt!

Ratschläge für die Bearbeitung

zu Aufgabe a:

Das kannst du tun:		Das erreichst du damit:
1. Schreibe in einer etwas längeren Einleitung, womit jede Person im Wohnzimmer beschäftigt ist! Benutze dazu Namen und mache Aussagen über die Personen und ihre Besonderheiten!	$\Rightarrow$	Die Vorstellung des Lesers von der Situation soll so klar werden, dass er das Bild eigentlich gar nicht dazu ansehen muss. Begriffe aus der modernen Alltagssprache machen die Geschichte aktueller.
2. Verdeutliche im Hauptteil besonders, wie sich die Haltung der Mutter verändert. Wähle dafür aussagekräftige Wörter und schreibe auch, was die Mutter denkt und fühlt!	$\Rightarrow$	Treffende Wortwahl, Gedanken und Gefühle machen deinen Aufsatz lebendiger und flüssiger zu lesen.
3. Suche für den leeren Tisch am Ende der Geschichte eine möglichst originelle Erklärung, die in der Rede der Mutter am Ende vorkommt!	$\Rightarrow$	Der leere Tisch ist der Höhepunkt der Geschichte. Je besser hier deine Erklärung ist, desto besser ist die Gesamtwirkung deines Aufsatzes.
4. Der Schluss sollte eine Aussage darüber machen, wie das Handeln der Mutter wirkt. Drücke mit der Überschrift den Sinn der Geschichte aus!	$\Rightarrow$	Dadurch machst du deutlich, dass du verstanden hast, was der Autor mit seiner Bildergeschichte will.

zu Aufgabe b:

Das kannst du tun:		**Das erreichst du damit:**
1. Setze vor die Erörterung der Vorteile und Nachteile eine kurze Einleitung!	⇒	Dadurch kannst du dem Leser klarmachen, welchen Bezug du persönlich zum Thema hast.
2. Teile deinen Hauptteil in 2 Großabschnitte ein: erst die Vorteile – dann die Nachteile oder umgekehrt!	⇒	Die Länge der beiden Abschnitte lässt erkennen, ob für dich die Vorteile oder die Nachteile von größerem Gewicht sind.
3. Baue die Erörterung jedes Vorteils und jedes Nachteils gleich auf! Formuliere den Vorteil bzw. Nachteil und gib Beispiele zum Beweis dafür!	⇒	Der Leser kann sich dann leichter in deinen Überlegungen zurechtfinden.
4. Runde durch einen Schlussteil ab, indem du Vor- und Nachteile gegeneinander abwägst und dazu Stellung nimmst!	⇒	Du zeigst damit, dass du die Sache durchschaust und zu einem eigenen Urteil fähig bist.

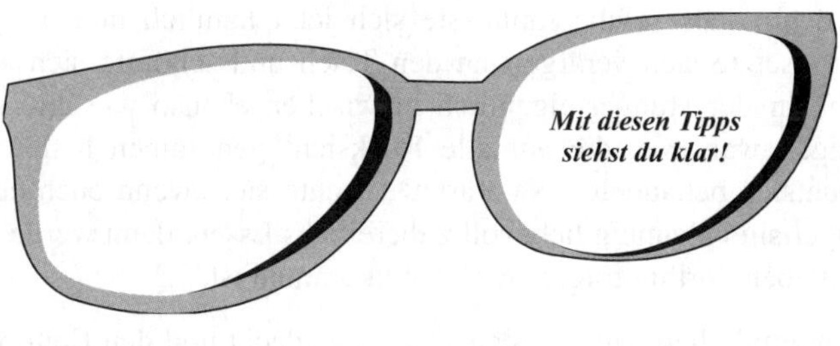

Lösungsvorschlag zu Aufgabe a

Medien gegen Mutter

Endlich war Feierabend: Vater hatte seine bequemste Hose und seine Hausjacke angezogen und saß mit übereinandergeschlagenen Beinen in seinem Lieblingssessel. Er war so in die Zeitung vertieft, dass ihn noch nicht einmal der laufende Fernseher störte. Vor diesem hatte sich die Jüngste der Familie, die kleine Susi, niedergelassen, um sich von Micky Mouse nach Disneyland zaubern zu lassen. Der sommersprossige Tobi stand wie immer auf Rockmusik. Den Walkman auf den Ohren, auf dem Boden hockend, ließ er sich die fetzigen Rhythmen reinhämmern. Auch Lisa war der Wirklichkeit entrückt. Auf dem Bauche liegend, schmökerte sie selbstvergessen in ihrer Lovestory.

Während so alle toll auf Medientrip waren, bereitete Mutter in der Küche einen leckeren Eintopf. „Essen kommen", rief sie, als sie fertig war, „ich habe auch ganz viel von eurer Lieblingswurst hineingeschnitten!" – Doch ihre Aufforderung blieb ohne Wirkung.

Während sie, mit verschränkten Armen wartend, vor dem hübsch gedeckten Tisch mit dem verheißungsvoll dampfenden Eintopf stand, verdüsterte sich ihre Miene. Schließlich hatte sie mit Liebe für Männe und die Kids gekocht und ihnen ihren Feierabend gegönnt. Auf jede Hilfe hatte sie verzichtet, weil die vier so voll auf ihre Medien abgefahren waren. „Einmal rufe ich noch", dachte sie missgestimmt. Diesmal klang das „Essen kommen" wie ein Befehl. Aber trotzdem blieben die Stühle leer.

Die Köchin – als solche fühlte sie sich jetzt nämlich und nicht mehr als Mutter – setzte sich verärgert an den Tisch und schöpfte sich aus. Sie aß, obwohl ihr der Hunger eigentlich inzwischen ebenso wie ihre gute Laune vergangen war. Sie, die auf alle Rücksicht genommen hatte, fühlte sich rücksichtslos behandelt. „Na wartet", dachte sie, „wenn euch eure Medien wichtiger sind als mein liebevoll zubereitetes Essen, dann werde ich meinen Eintopf eben dorthin tragen, wo er willkommen ist."

Im Handumdrehen hatte sie den Tisch abgedeckt und den Eintopf zu Bellos Hundeschüssel gestellt, sodass sich Bello ohne Zögern gleich freudig schwanzwedelnd darüber hermachte. „Wenigstens einer, der meine Kochkunst zu schätzen weiß", ging es ihr dabei durch den Kopf. Eine ganze Weile dauerte es, bis sich die Medienbesessenen endlich von ihren Lieblingsbeschäftigungen trennten und mit dem Ruf „Wir haben Hunger!!!“ an den Tisch kamen. Sie staunten nicht schlecht, als sie nur gähnende Leere und eine zornige Mutter vorfanden, die ihnen eine gesalzene und gepfefferte Standpauke hielt. „Wer nicht kommt zur rechten Zeit …“, tönte es wütend und „… Freizeitbeschäftigung ist wohl wichtiger“ und „da bin ich schließlich auf den Hund gekommen.“

Als den vieren klar wurde, was sie mit ihrem Nichterscheinen angerichtet hatten, blieb ihnen nichts anderes übrig, als in die Küche zu gehen und sich selbst ein Butterbrot zu schmieren. Und dort sahen sie dann mit Bedauern, wie Bello sich genüsslich sein Maul leckte.

Hier kannst du üben:

1. Übung zur Einleitung

Die Beschäftigungen der Familienmitglieder wurden im Beispielaufsatz mit Ausdrücken beschrieben, die Aussagen über die Personen machen. Trage sie ein!

- für den Vater: ______________________
- für den Sohn: ______________________
- für die größere Tochter: ______________________
- für die kleinere Tochter: ______________________

2. Übung zur Wortwahl

Im Beispielaufsatz wurden zur Beschreibung der Gefühle der Mutter in den Teilabschnitten des Hauptteils aussagekräftige Ausdrücke verwendet, die erkennen lassen, wie sich ihre Stimmung verschlechtert. Schreibe diese Ausdrücke heraus!

- in den Zeilen 15–21: ______________________
- in den Zeilen 22–28: ______________________
- in den Zeilen 29–39: ______________________

3. Übung zum offenen Schluss der Bildergeschichte

Hier findest du weitere Ideen zur Erklärung, warum der Tisch am Ende leer ist. Kreuze an, welche der Ideen besonders gut sind!

Die Mutter hat das Essen

- in den Kühlschrank geräumt a ☐
- in den Mülleimer geschüttet b ☐
- vollständig selbst gegessen c ☐
- zum Warmhalten wieder auf den Herd gestellt d ☐
- der alleinstehenden Nachbarin gebracht e ☐
- zum Fenster hinaus geschüttet f ☐

4. Übung zum Schlussteil

Als Schlussteil könntest du etwas schreiben

- über den rechten Umgang mit den Medien in der Freizeit a ☐
- über Konsequenzen aus dem Vorfall b ☐
- über die Wirkung des Vorfalls auf die Familienmitglieder c ☐

Kreuze an, welche der Möglichkeiten im Beispielaufsatz beschrieben wurde!

Kreuze an, welche Überschriften besonders gut sind:

- Wer zu spät kommt, muss nehmen, was übrig bleibt a ☐
- Der leere Tisch b ☐
- Mutters Rache c ☐
- Schade um das Essen d ☐
- Freizeit e ☐
- Lehre durch Leere f ☐
- Medienkonsum macht nicht satt g ☐

Die Lösungen findest du auf Seite 217.

Lösungsvorschlag zu Aufgabe b

Vor- und Nachteile des Fernsehens als Freizeitbeschäftigung

Wie in fast allen Familien von Freunden und Bekannten gibt es auch bei uns ein Fernsehgerät, das aus unserem Familienleben nicht mehr wegzudenken ist. Als Vermittler von Unterhaltung und Information hat es positive Seiten, bringt aber auch Probleme mit sich.

Zu den Vorzügen gehört, dass Fernsehen für Entspannung und gute Laune sorgt und den Stress des Alltags abbauen hilft.

Das gilt besonders an Wochenenden, wenn schlechtes Wetter Unternehmungen außer Haus nicht zulässt. Hier denke ich an Filme wie „Pippi Langstrumpf", die außer meiner kleinen Schwester sogar mich und meine Mutter vor den Bildschirm locken, weil wir über die lustigen Einfälle der Titelheldin lachen müssen.

Am Samstagabend gelingt es dem Fernsehen meistens, die ganze Familie zusammenzuführen und zum Mitmachen und Lachen anzuregen.

Wir sehen dann gemeinsam Quizshows, beteiligen uns am Raten oder Wetten und lachen viel. Oder wir sehen auch gerne Unterhaltungssendungen mit Popstars, und mein Bruder und ich finden es toll, dass auch unsere Eltern da mitschauen, obwohl sie sich, wie sie immer sagen, eigentlich schon etwas zu alt für Popmusik fühlen.

Auch für Gesprächsstoff in der Familie und mehr Wissen und Bildung sorgt das Fernsehen.

Die Nachrichten oder Berichte über aktuelle Themen aus aller Welt führen oft zu Diskussionen bei uns, an denen ich mich gerne beteilige. Dabei stelle ich fest, dass wir jungen Leute bei Themen wie Umweltschutz oft mehr wissen als unsere Eltern, die ihrerseits uns Jüngeren oft erklären müssen, wenn wir etwas nicht verstanden haben, wenn es zum Beispiel um Politik oder Wirtschaft geht.

Nachteilig empfinde ich das Fernsehen dann, wenn es zur einzigen und wichtigsten Freizeitbeschäftigung wird.

Dann kommen andere Aktivitäten wie Sporttreiben oder Unternehmungen zu kurz, die man schön zusammen machen könnte, wenn dem einen nicht die Sportschau oder dem anderen seine Kindersendung wichtiger wäre.

Schlecht ist auch, wenn das Fernsehen von den Pflichten ablenkt, die erledigt werden müssen.

Wenn ich zum Beispiel noch Hausaufgaben zu machen habe und die anderen schon fertig sind und den Fernseher einschalten, kann ich mich nicht mehr richtig konzentrieren und mache auch Fehler.

Leider kommt es auch öfter zu Streit wegen des Fernsehens.

Zum Beispiel kann es Ärger geben, weil unsere verschiedenen Familienmitglieder unterschiedliche Wünsche haben, welches Programm eingeschaltet werden sollte. Da ist es manchmal schwierig, sich zu einigen. Ein Zweitapparat würde dieses Problem zwar einfacher machen, aber dann würde die Familie noch weniger oft zusammen sein, was ich nicht gut finden würde.

Für mich ist Fernsehen nur eine Beschäftigung unter vielen. Ich meine deshalb, dass das Fernsehen, um seine Vorteile zu nutzen und Nachteile so gering wie möglich zu halten, nicht zur Hauptbeschäftigung werden darf. Auch sollte man sorgfältig aus dem Programm aussuchen, was man ansehen will, wobei Information und Unterhaltung gleichermaßen berücksichtigt werden und alle Familienmitglieder auf ihre Kosten kommen sollten.

Hier kannst du üben:

1. Übung zur Einleitung

Als Einleitung könntest du etwas schreiben
- über die Häufigkeit des Fernsehens in deinem Leben a ☐
- über die Bedeutung des Fernsehens für deine Familie b ☐
- über einen Vorfall, bei dem Fernsehen zu einem Problem führte c ☐

Kreuze an, welche der Möglichkeiten im Beispielaufsatz beschrieben wurde!

2. Übung zum Aufbau der Abschnitte

Aus der Länge der 2 Großabschnitte des Hauptteils ist ersichtlich, welche Bedeutung der Verfasser den beiden Seiten des Fernsehens zumisst. Trage die Zeilennummern ein:

Der 1. Großabschnitt befasst sich mit den Vorteilen:
Er geht von Zeile ____ bis ____

Der 2. Großabschnitt befasst sich mit den Nachteilen.
Er geht von Zeile ____ bis ____

Entscheide, ob aus der Länge der Großabschnitte hervorgeht,
dass der Verfasser die Vorteile höher bewertet als die Nachteile a ☐
oder
dass der Verfasser die Nachteile höher bewertet als die Vorteile b ☐

3. Übung zur Gliederung des Hauptteils

Der Hauptteil des Beispielaufsatzes enthält 3 positive und 3 negative Seiten des Fernsehens. Als Aufbauprinzip für jede dargestellte Seite gibt es verschiedene Möglichkeiten:

Entscheide, welches Aufbauprinzip im Beispielaufsatz verwendet wurde:
- Formulieren des Vorteils oder Nachteils und danach Erläutern durch Beispiele aus der Familie a ☐
- Beschreiben eines positiven oder negativen Beispiels in der Familie und danach Formulieren des Vorteils oder Nachteils b ☐

Hier findest du eine Reihe Vorteile und Nachteile, die man als Aussagen über das Fernsehen nennen könnte. Kreuze an, welche dieser Aussagen im Beispielaufsatz verwendet wurden!

Vorteile:			**Nachteile:**		
Bildung und Wissen	a	☐	weniger Zeit für das Lesen	a	☐
Entspannung	b	☐	Streit um die Programmauswahl	b	☐
Unterhaltung	c	☐	schädlich für die Augen	c	☐
führt Familie zusammen	d	☐	Phantasie kaum gefordert	d	☐
regt Gespräche an	e	☐	verringert andere Aktivitäten	e	☐
aktuelle Information	f	☐	führt zu Bewegungsmangel	f	☐
			lenkt von Pflichten ab	g	☐

4. Übung zum Schlussteil

Im Schlussteil kann die persönliche Stellungnahme des Verfassers bei der Gegenüberstellung der Vorteile und der Nachteile ausgedrückt werden.

Entscheide, ob der Verfasser aus seiner Gegenüberstellung

– einen positiven Schluss zieht a ☐

oder

– einen negativen Schluss zieht b ☐

Die Lösungen findest du auf Seite 217/218.

Thema: Tier

Arbeitsanweisung:

a) Schreibe zu den Bildern eine Geschichte und finde eine passende Überschrift!

b) Wer ein Tier besitzen will, muss für dessen Wohlbefinden auch auf vielfältige Weise sorgen. Schreibe darüber!

Ratschläge für die Bearbeitung

zu Aufgabe a:

Das kannst du tun:		**Das erreichst du damit:**
1. Betrachte die Bildergeschichte sehr genau!	⇒	So lernst du den Inhalt der Geschichte kennen.
Stelle in der Einleitung kurz dar, was dem 1. Bild vorausgegangen sein könnte!	⇒	Damit führst du zum Bildgeschehen hin.
2. Gestalte die Übergänge zwischen den Bildern fließend, d. h. verbinde sie folgerichtig!	⇒	Auf diese Weise entsteht eine zusammenhängende Geschichte.
Gebrauche wörtliche Rede!	⇒	Dadurch wird die Bildergeschichte lebendig.
3. Denke dir nach dem 5. Bild einen geeigneten Schluss aus!	⇒	Du zeigst, dass du den Sinn der Handlung erfasst hast. Gleichzeitig rundest du deinen Aufsatz ab.

zu Aufgabe b:

Das kannst du tun:		**Das erreichst du damit:**
1. Stelle in der Einleitung das Tier kurz vor, über dessen Haltung und Fürsorge du schreiben willst!	⇒	So stimmst du den Leser auf die folgenden Ausführungen ein.
2. Schildere die „Tierpflege“ am besten im Tagesablauf!	⇒	Auf diese Weise erfährt dein Wissen über tiergerechtes Verhalten eine sinnvolle Anordnung.
3. Greife im Schlussteil die Forderung der Aufgabenstellung auf!	⇒	Du lieferst damit die Begründung für die Tier-Fürsorge.

Lösungsvorschlag zu Aufgabe a

Tierquälerei

Wie jeden Samstag entschließt sich Frau Moll, auch heute mit dem Auto zum Einkaufszentrum zu fahren, um für das Wochenende die nötigen Lebensmittel zu besorgen. Ihren Hund Bello nimmt sie natürlich mit.

Es ist ein heißer Tag. Die Sonne brennt vom wolkenlosen Himmel. Kurz nach halb zwölf kommen die beiden am Ziel an. Frau Moll steigt aus ihrem Auto. An der noch geöffneten Tür stehend, verabschiedet sie sich von Bello, der auf dem Beifahrersitz Platz genommen hat. „Sei schön brav, ich bin gleich wieder zurück." Der Hund sitzt nun im völlig verschlossenen Wagen. Eine halbe Stunde vergeht. Frau Moll ist weit und breit nicht zu sehen. Im Auto wird es heiß und heißer. Klein-Bello zeigt sich mit heraushängender Zunge und traurig flehendem Blick hinter dem Seitenfenster. Die nächste Stunde wird für ihn zur Qual. Erst um 13 Uhr kommen zufällig die Geschwister Rolf und Tina des Weges. Sie entdecken im Auto das fast ohnmächtige Tier. Die Kinder reagieren böse und empört: „Wie kann man nur bei dieser Hitze einen Hund im Auto zurücklassen? Das ist ja Tierquälerei!" Die beiden können sich nicht beruhigen. „Wir müssen etwas unternehmen." Tina hat die zündende Idee: „Wir laufen zur nächsten Polizeistation und teilen unsere Beobachtung mit."

Gesagt, getan. Zunächst überlegen die Polizeibeamten Scholz und Becker, was zu tun ist. Schließlich begleiten sie Rolf und Tina zum „Tatort". Kurze Zeit später treffen sie dort ein. Auch sie macht der Anblick des leidenden Bello betroffen.

Während sie mit den Kindern erwägen, eine der hinteren Fensterscheiben einzudrücken, kommt Frau Moll mit zwei bis zum Rand gefüllten Einkaufstaschen um die Ecke. Erschrocken bleibt sie hinter dem Auto stehen. Die Polizisten fragen sie mit ernster Miene, ob sie die Besitzerin des Autos und des sich darin befindlichen Hundes sei. „Ja, natürlich", antwortet sie mit zittriger Stimme. „Sie haben sich der Tierquälerei schuldig gemacht. Sie können doch bei brütender Hitze keinen Hund über längere Zeit alleine im Auto lassen. Es wird Ihnen eine Anzeige zugehen." Verstört und einsichtig zugleich nimmt Frau Moll die Anschuldigung der Polizei zur Kenntnis. Nachdem der Hund Luft geschnappt hat, fährt sie schnellstens davon.

Tina und Rolf unterhalten sich noch kurz mit den Polizisten über das unüberlegte und fahrlässige Verhalten mancher Hundebesitzer.

Hier kannst du üben:

1. **Übung zur Einleitung**
   Mögliches Geschehen vor dem 1. Bild
   - Planen eines mehrgängigen Geburtstagsmenüs a ☐
   - Lesen von Sonderangeboten im Supermarkt b ☐
   - Entschluss fassen, den Wochenendeinkauf zu tätigen c ☐

   Kreuze an, mit welcher Möglichkeit der Beispielaufsatz beginnt!

2. **Übung zum Hauptteil**
   Schreibe die Bildübergänge auf!

   von Bild 1 zu 2: ______________________________

   ____

   von Bild 2 zu 3: ______________________________

   von Bild 3 zu 4: ______________________________

   von Bild 4 zu 5: ______________________________

   von Bild 5 zu 6: ______________________________

   ____

   Unterstreiche, was die Kinder und die Polizisten sprechen!

3. **Übung zum Schluss**
   Markiere die Sätze zum 6. Bild!

Die Lösungen findest du auf Seite 218.

Lösungsvorschlag zu Aufgabe b

Wer ein Tier besitzen will, muss für dessen Wohlbefinden auf vielfältige Weise sorgen.

An meinem letzten Geburtstag ging ein lang gehegter Wunsch in Erfüllung. Ich bekam einen Hund geschenkt, einen wunderschönen Langhaardackel. Er hört auf den Namen Waldi.

Seit ich Waldi habe, hat sich mein Tagesablauf sehr verändert. Morgens klingelt der Wecker eine halbe Stunde früher, denn ehe ich zur Schule gehe, muss ich meinen Liebling noch „Gassi" führen. Wenn wir zurückkommen, macht sich Waldi über seine Morgenmahlzeit her. Es bereitet mir immer Freude zuzuschauen, wie ihm das von mir zubereitete Futter schmeckt. Noch ein wenig schmatzend trollt er sich danach in den Flur, wo ich ihm in einer Ecke sein Lager geschaffen habe. Es ist für jeden Hund wichtig, ein Plätzchen zu haben, das nur ihm gehört und wo er sich sicher fühlen kann. Bevor Waldi sich hinlegt, schlappert er ein bisschen frisches Wasser, das ich ihm immer vor meinem Weggehen in die Schule hinstelle.

Wenn Mama und ich mittags gegessen haben, steht der zweite Ausgang mit meinem Vierbeiner an. Ausgelassen tobt und tollt er auf der Wiese herum. Zu Hause wartet dann die Hauptmahlzeit auf Waldi, oft besteht sie aus Trockenfutter. Es ist übrigens selbstverständlich, dass ich nach jeder Mahlzeit den Futternapf gründlich reinige. Solange ich meine Hausaufgaben erledige, kaut mein kleiner Freund auf seinem Plastikknochen herum oder er spielt mit einem Tennisball. Wie Kinder brauchen auch Tiere etwas zum Spielen und zum Zeitvertreib.

Noch ein drittes Mal will und muss mein Dackel an die frische Luft. Meistens gehe ich mit ihm nach dem Abendessen raus. Danach steht Bürsten des Fells auf dem Programm. Waldi genießt diese so wichtige Aktion sehr. Anschließend durchsuche ich noch sein Fell auf Flöhe.

Allmählich fruchten auch meine Erziehungsmaßnahmen. Auf Signalwörter wie „Platz" oder „Aus" reagiert Waldi richtig. Darauf bin ich mächtig stolz.

Ja, ich mag meinen Dackel sehr, aber manchmal wird mir die zeitaufwendige Pflege ein bisschen lästig. Wenn ich mich dann vor der einen oder anderen Aufgabe drücken will, sagt meine Mutter: „Wer ein Tier besitzen will, muss auch für dessen Wohlbefinden sorgen!"

Hier kannst du üben:

1. Übung zur Einleitung

Beantworte folgende Fragen!

a) Um welche Tierart handelt es sich?
b) Wie heißt das Tier?

2. Übung zum Hauptteil

Liste stichwortartig auf, welche Pflege und Zuwendung der Schreiber des Beispielaufsatzes seinem Tier zuteil werden lässt!

morgens: ______________________________

____

mittags: ______________________________

____

abends: ______________________________

____

3. Übung zum Schluss

a) Markiere den Schluss!
b) Unterstreiche den Satz aus der Aufgabenstellung!

Die Lösungen findest du auf Seite 218.

Thema: Konflikt

Arbeitsanweisung:

Beschreibe die dargestellte Situation! Schreibe, wie der Konflikt gelöst werden kann!

Ratschläge für die Bearbeitung

Das kannst du tun:		Das erreichst du damit:
1. Stelle in der Einleitung das Thema vor!	⇒	Du führst den Leser damit zur dargestellten Situation hin.
2. Achte bei der Beschreibung auf eine Reihenfolge!	⇒	Damit erleichterst du dem Leser die Vorstellung des Bildes.
3. Bewerte im Schlussteil kurz das dargestellte Geschehen!	⇒	Auf diese Weise erfährt der Leser deine persönliche Meinung.
4. Suche nach Gründen für das Verhalten der Jugendlichen!	⇒	Wenn du Gründe aufführst, kannst du Lösungswege ansteuern.
5. Erläutere danach mögliche Konfliktauflösungen!	⇒	Damit zeigst du, dass Konflikte ohne Gewalt gelöst werden können.

Lösungsvorschlag

Konflikt

Das vor mir liegende Bild stellt eine Konfliktsituation dar, wie sie sich vor einem Kiosk häufig abspielt.

Die Beteiligten sind eine Gruppe junger Leute und ein älterer Mann. Die Jugendlichen haben teils ihre Mofas und Motorräder mitgebracht. Wenn sie mit ihren Fahrzeugen ankommen oder wieder wegfahren, bereitet es ihnen natürlich helle Freude, die Motoren aufheulen zu lassen oder Kavalierstarts hinzulegen. Überlaute Musik, die aus dem mitgebrachten Radiorecorder dröhnt, erhöht ebenfalls das Gefühl von Freiheit und Entspannung. Obendrein gröhlen und unterhalten sich die jungen Leute sehr laut. Zwei haben sich bereits mit Getränken eingedeckt. Das lautstarke Geschehen stört prompt einen Anwohner in seiner dringend benötigten Ruhe nach schwerer Arbeit. Er bringt in drohender Haltung und mit schreiender Stimme seine Ruhebedürftigkeit zum Ausdruck. Aber sein Schimpfen löst bei den Jugendlichen nur provozierende Gelassenheit und arrogantes Schmunzeln aus. Weggeworfene Papiere oder Taschentücher und zerschlagene Flaschen runden die unschöne Situation ab.

An Kiosken, an denen alkoholische Getränke verkauft werden, treffen sich immer wieder Menschengruppen in verschiedenen Zusammensetzungen. Diese unterhalten sich beim gemeinsamen „Schlückchen" oftmals über Stunden hinweg, mitunter recht laut.

So stellt sich auch die Situation auf dem Bild dar. Ein ruhebedürftiger Anwohner fühlt sich gestört, meldet Widerspruch an, und schon entsteht ein Konflikt, der einer sinnvollen Lösung für alle Beteiligten bedarf.

Gründe für einen solchen Konflikt gibt es mehrere: Ein Kiosk zieht Menschen, die gerne Alkohol trinken, an, wie das Licht die Motten. Die Getränke werden im Allgemeinen günstiger abgegeben als in Cafés oder Discotheken. Leute, die in einer Ausbildung stehen und daher nicht über ein entsprechendes Einkommen verfügen, ziehen natürlich die günstigen Preise an einem Kiosk vor. Für wenig Geld haben sie bei solchen Treffs Unterhaltung und Spaß. Leider übertreiben sie – sicherlich durch den Alkohol bedingt – manchmal, was dann so von den Anwohnern nicht hingenommen wird.

Eine einfache und schnelle Lösung ist in diesem Fall das Alkoholverbot. Da es sich bei den Konsumenten meist um Jugendliche handelt, erhält der

Kioskbesitzer die Auflage, zukünftig keine alkoholischen Getränke an diese zu verkaufen. Kontrollen werden angesetzt, mit der Folge, dass der Kiosk geschlossen wird, wenn die Auflage missachtet wird.

Vor diesen Lösungsmöglichkeiten, die nur am Ende stehen können, bietet es sich zunächst an, dass der gestörte Anwohner das Gespräch mit den Jugendlichen sucht. Jugendliche lassen sich leicht und schnell positiv beeinflussen, wenn der Erwachsene in vernünftigem Ton mit ihnen spricht und sie spüren lässt, dass er sie ernst nimmt. Es dürfte nicht allzu schwer sein, die Jugendlichen davon zu überzeugen, dass man nach einem schweren Arbeitstag ruhebedürftig ist und den Feierabend ungestört genießen möchte.

In dieses Gespräch kann sich der Kioskbesitzer einschalten, um die eventuellen Folgen zu erklären, wenn sich die Situation nicht bessert. Dann wäre niemandem gedient. Insofern ist ein vernünftiges Gespräch zwischen den Beteiligten am sinnvollsten und nützlichsten.

Hier kannst du üben:

1. **Übung zur Einleitung**
   Was für eine Situation stellt das Bild dar?

   ____

2. **Übung zu den Gründen des Konflikts**
   Schreibe auf, welches die Gründe für die Konfliktsituation sind:

   ____

3. **Übung zu den Lösungsmöglichkeiten**
   Schreibe auf, welche Lösungsmöglichkeiten des Konflikts im Beispielaufsatz genannt werden:

   ____

4. **Übung zum Schluss**
   Welchem Vorschlag gibt der Verfasser Vorrang?

   ____

Die Lösungen findest du auf Seite 218.

Übungsteil: Briefe schreiben

Thema: Der Fotoapparat

Am Boden zerstört, kehrtest du vom Bus kommend ins Schullandheim in Bad Urach zurück. Während deine Mitschüler und Mitschülerinnen begeistert von dem erlebnisreichen Tagesausflug nach Stuttgart schwärmten, kämpftest du mit den Tränen.

Du konntest es immer noch nicht richtig glauben: Der Fotoapparat war weg!

Deine Lehrerin bemerkte als erste deine Niedergeschlagenheit: „Na, was ist denn mit dir plötzlich los?“ Nur mühsam und stockend brachtest du dein Missgeschick heraus: „Mein Foto ist weg ... vermutlich im Gepäcknetz liegengelassen ... im Zug von Stuttgart in Richtung Metzingen ... nach dem Umsteigen in den Bus nach Bad Urach nicht mehr da ... was mach' ich bloß? ...“

Die Lehrerin wusste Rat. Im Schullandheim angekommen, telefonierte sie sogleich mit dem Bahnhof in Metzingen. Sie erhielt folgende Auskunft: Alle Fundsachen in Zügen werden zum Hauptfundamt der Bundesbahn nach Stuttgart geschickt – sogleich ans Hauptfundamt schreiben – erforderlich ist eine genaue Beschreibung des Gegenstandes – wo und wann der Gegenstand verloren wurde – manchmal gibt es einen ehrlichen Finder ...

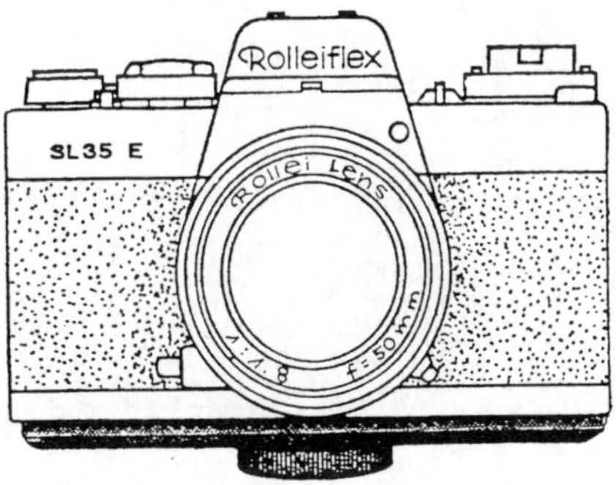

Objektiv: 1 : 1,8
Brennweite: 50 mm
schwarze Fototasche aus Leder
Wert zirka: 400,-- DM

Kaum zu glauben, aber wahr! Nach 4 Tagen erhältst du im Schullandheim ein Paket vom Hauptfundamt der Bundesbahn. Inhalt: Der verlorengegangene Fotoapparat und ein Schreiben der Bundesbahn mit der Anschrift des Finders und der amtlichen Mitteilung, dass der Finder auf seinen zustehenden Finderlohn verzichtet. Voller Begeisterung über den glücklichen Ausgang stößt du einen lauten Freudenruf aus. Nun kannst du wenigstens den Rest deines Schullandheimaufenthaltes genießen!

Arbeitsanweisung:

a) Schreibe den Brief an das Hauptfundamt der Bundesbahn
Hbf. Stuttgart, 70173 Stuttgart! Deine Anschrift: Jugendherberge Bad Urach, Burgstr. 47, 72574 Bad Urach

b) Bedanke dich in einem ausführlichen Brief bei dem ehrlichen Finder. Schreibe auch über dich, deinen Schullandheimaufenthalt und über die Umstände, unter welchen der Fotoapparat verlorengegangen war!
Anschrift des Finders: Thomas Frey, Wiesenweg 11, 72555 Metzingen

Ratschläge für die Bearbeitung

Aufgabe a

Form des Geschäftsbriefes

Name Adresse	Ort, Datum Straße Nr.
2–3 Zeilen frei	
Name des Empfängers Anschrift	
Betreff (Kurzformulierung)	
Anrede Text: 1. Anredefürwörter groß 2. sachlich und knapp 3. Gliederung	
1 Zeile frei	
Grußformel Unterschrift	

Zur Identifizierung nötige Angaben

- Marke und Typ
- Größe und Farbe
- Besonderheiten der Ausstattung
- Zubehör
- besondere Auffälligkeiten

Hilfreich sind auch Angaben über
- Zeitpunkt des Verlustes
- Ort des Verlustes
- Fahrtdaten des Zuges (Strecke, Abfahrt, Ankunft)

Die Einleitung enthält
- die Mitteilung des Verlustes eines Fotoapparates

Der Schluss enthält
- die Bitte um Übersendung des Geräts oder entsprechende Benachrichtigung
- einen Dank für die Bemühung

Aufgabe b

Form des persönlichen Briefes

Ort, Datum

1 Zeile frei

Anrede
Text: 1. ausführlich, anschaulich
2. Gliederung

1 Zeile frei

Grußformel
Unterschrift

Der ehrliche Finder möchte lesen,

- dass du dich für seine Ehrlichkeit bedankst
- wie sehr du dich über die Rückgabe des Gerätes freust
- dass du den Verzicht auf den Finderlohn zu schätzen weißt

Es interessiert ihn bestimmt,
- wie es zum Verlust des Gerätes kam
- warum der Verlust des Gerätes für dich besonders schlimm war
- welche Bedeutung der Apparat für deinen Landheimaufenthalt hatte

Die Einleitung enthält
- die Bestätigung, dass der Apparat vom Hauptfundamt mit der Adresse des Finders übersandt wurde
- Dank für die Abgabe beim Fundamt

Der Schluss enthält
- eine Wiederholung des Dankes

Mit diesen Tipps bist du an der richtigen Adresse!

Hier kannst du üben:

Es ist ein Unterschied, ob du einen Geschäftsbrief oder einen persönlichen Brief schreibst.
Kreuze in der Tabelle an, zu welcher Briefform das genannte Merkmal passt!

Merkmal des Briefes	**Geschäftlicher Brief**	**Persönlicher Brief**
a) Anrede *Lieber Herr ....!/Liebe Frau ....!*	☐	☐
b) Grußformel *Mit freundlichen Grüßen*	☐	☐
c) Briefkopf mit Absenderadresse	☐	☐
d) Ort und Datum im Briefkopf	☐	☐
e) Anredewörter mit großen Anfangsbuchstaben	☐	☐
f) Empfänger mit Adresse im oberen Briefteil	☐	☐
g) Gliederung in Einleitung/Hauptteil/Schluss	☐	☐
h) Unterschrift	☐	☐
i) Verwendung einer Grußform	☐	☐
j) Kurzformulierung des Anliegens zu Anfang	☐	☐
k) Schlussfromel *Herzliche Grüße*	☐	☐
l) Sachliche knappe Formulierungen	☐	☐
o) Verwendung einer Anredeformel	☐	☐
p) Sauberes Schriftbild	☐	☐
q) Äußere Gliederung mit Abschnitten/Absätzen	☐	☐

Die Lösungen findest du auf Seite 219.

Thema: Das Fahrrad

Deine Klasse fuhr ins Schullandheim. Am Nachmittag des zweiten Tages erschien endlich der ersehnte Speditions-Lkw der Bundesbahn im Hof des Schullandheims in Undeloh und brachte die Fahrräder.

Der Vorschlag der Lehrer, die Fahrräder mit der Bahn ins Schullandheim zu verfrachten, hatte allen gefallen. So konntet ihr die Lüneburger Heide mit dem Fahrrad entdecken.

Kaum konntet ihr es erwarten, bis die Fahrräder abgeladen waren. „Drängelt doch nicht so!“, schimpfte der Spediteur, „es bekommt doch jeder sein Rad!“ Doch als der Lkw schließlich leer war, standest du immer noch ohne Fahrrad da! Der Spediteur zuckte verständnislos die Schulter: „Tut mir leid, aber mehr hab ich nicht!“

Deine Aufregung war groß. Der Lehrer versuchte dich zu beruhigen: „Vielleicht steht es noch auf dem Bahnhof in Lüneburg? Am besten, wir erkundigen uns dort.“

Der Anruf bei der Gepäckabfertigung des Bahnhofs Lüneburg war nicht gerade ermutigend. Dort fand sich kein Herrenfahrrad mit der Gepäcknummer 33125 und der Zustell-Anschrift: Schullandheim Kiefernholz, Undeloh/Lüneburger Heide.

Was tun? Der Bahnbeamte riet zu Folgendem: Antrag auf Nachforschung stellen (Verlustanzeige) mit genauer Beschreibung des Fahrrads, Wert, Angabe des Versandbahnhofes und des Zielbahnhofes, des Versanddatums und der Gepäcknummer.

4 Tage sind inzwischen vergangen und du hast immer noch nichts von der Bundesbahn über den Verbleib des Fahrrads gehört. Damit du nicht traurig herumsitzen musst, wenn die anderen durch die Heide radeln, hat der Herbergsvater dir so lange sein Rad ausgeliehen.

Es ist ein ziemlich altes, klappriges Stahlross!

In gedrückter Stimmung und mit einem schlechten Gewissen schreibst du deinem Bruder einen Geburtstagsbrief und gestehst ihm schuldbewusst, dass sein Fahrrad, das du ohne sein Wissen ausgeliehen hattest, während der Bahnreise abhanden gekommen ist.

Du bist beinahe fertig mit deinem Brief, da hupt es dreimal vor dem Heim. Neugierig schaust du aus dem Fenster: Das darf doch nicht wahr sein! Gerade lädt der Bahn-Spediteur „dein“ Fahrrad aus. Vor Freude machst du einen Luftsprung! Du erfährt jetzt, dass man mit Hilfe deiner Nachfrage das Fahrrad in Hamburg ausfindig machte, wohin es versehentlich transportiert worden war.

Arbeitsanweisung:

a) Schreibe den Nachforschungsauftrag (die Verlustanzeige) an die Gepäckabfertigung, Bahnhof Lüneburg, 21337 Lüneburg!

b) Schreibe den Geburtstagsbrief an deinen Bruder, der zur Zeit bei der Bundeswehr ist! Schreibe darin auch über die „Fahrradgeschichte“ und deinen Schullandheimaufenthalt!

Ratschläge für die Bearbeitung

zu Aufgabe a:

Das kannst du tun:		Das erreichst du damit:
1. Lies den Text sorgfältig bis Zeile 18 durch und schreibe für die Verlustanzeige wichtige Angaben heraus!	⇒	1. Es wird ersichtlich, dass du das Wichtige vom Unwichtigen unterscheiden kannst.
2. Achte beim Schreiben deiner Verlustanzeige auf die äußere Form eines Geschäftsbriefs!	⇒	2. Damit beweist du, dass du die Grundregeln beherrschst, die für Schreiben an Ämter gelten.
3. Gliedere deine Verlustanzeige (die möglichst kurz ausfallen sollte) nach Einleitung, Hauptteil und Schluss!	⇒	3. Somit kann der Empfänger sogleich das Problem erkennen.
4. Wähle am Ende einen passenden Gruß!	⇒	4. Der Gruß zeigt, dass du über Höflichkeitsformen verfügst.

zu Aufgabe b:

Das kannst du tun:		Das erreichst du damit:
1. Markiere im Text Stichwörter zu den Themen, die du gemäß der Aufgabenstellung in den Brief einbringen sollst!	⇒	Auf diese Weise erhältst du den Inhalt des zu schreibenden Briefes.
2. Schreibe im persönlichen Brief Gedanken und Gefühle auf!	⇒	So kann sich der Empfänger besser in deine Lage versetzen.
3. Der Schluss von Briefen ist durch Schlussformeln festgelegt. Wähle eine passende Formel!	⇒	Durch die Wahl der Schlussformel wird deutlich, dass du dich auf den Empfänger deines Briefes einstellen kannst.

Lösungsvorschlag zu Aufgabe a

Eberhard Müller | Undeloh, den 26. März 19…
Schullandheim Kiefernholz
21274 Undeloh

Gepäckabfertigung
Bahnhof Lüneburg
2120 Lüneburg

Verlust eines Fahrrades

Sehr geehrte Damen und Herren,

wie bereits mit Herrn Schmitt, dem Leiter der Gepäckabteilung, telefonisch besprochen, zeige ich hiermit den Verlust meines Fahrrades an.

Es handelt sich um ein hellblaues Herrenfahrrad der Marke RAPID. Der Markenname ist in weißer Schrift auf der Querstange aufgeklebt. Die Handgriffe des Rennradlenkers und der Sattel sind ebenfalls weiß. An der vorderen Schrägstange wird die weiße Luftpumpe von zwei rechteckigen Haken gehalten. Das Fahrrad besitzt eine 10-Gang-Schaltung.
In den übrigen Punkten – z. B. Lampe, Strahler Schutzblech usw. – ist das Fahrrad verkehrsvorschriftsgemäß, aber unauffällig ausgestattet.
Eine Besonderheit ist zu erwähnen: Auf dem Deckel der Fahrradglocke ist ein „Alf"-Aufkleber angebracht.
Der Wert des Fahrrades beträgt etwa DM 500,--.

Das Fahrrad übergab ich am 22. März gegen 14.45 Uhr am Bahnhof in Mannheim der Gepäckabfertigung. Dort wurde es mit der Gepäcknummer 33125 versehen. Versandtag war der 24. März, Zielort war der Bahnhof Lüneburg.

Für Ihre Bemühungen und Nachforschungen bedanke ich mich im Voraus.

Mit freundlichen Grüßen

(Unterschrift)

Hier kannst du üben:

1. Übung zu den Angaben der Verlustanzeige

Schreibe auf, welche Teile des im Beispielaufsatz beschriebenen Fahrrades weiß sind!

a) ______________________________

b) ______________________________

c) ______________________________

d) ______________________________

Notiere die im Beispielaufsatz angegebenen Teile, die u. a. ein Fahrrad als verkehrssicher gelten lassen:

____

2. Übung zum Briefkopf

Trage die rechts stehenden Begriffe in die Leerzeilen des linken Rechtecks ein!

____________ ____________	Anrede
____________ ____________	Name
____________	Ort
____________	Adresse des Absenders
____________	Betreff
____________	Datum
	Empfänger mit Adresse

3. Übung zur Gliederung

Nenne die Zeilen, die die Abschnitte ausmachen!

Einleitung:	Zeile ___	bis	Zeile ___
Hauptteil:	Zeile ___	bis	Zeile ___
Schluss:	Zeile ___	bis	Zeile ___

4. Übung zu den Grußformeln

Kreuze an, welche der nachfolgenden Grußformulierungen nicht passen:

Gruß	a	☐	Hochachtungsvoll	e	☐
Servus	b	☐	Mit freundlichen Grüßen	f	☐
Salut	c	☐	Tschüs	g	☐
Bis bald	d	☐	Mit vorzüglicher Hochachtung	h	☐

Die Lösungen findest du auf Seite 219.

Lösungsvorschlag zu Aufgabe b

Undeloh, den 30. 3. …

Hallo Martin,

nun bin ich schon fast eine Woche in Undeloh im Landheim. Doch ehe ich mehr von hier erzähle, möchte ich dir herzlich zum Geburtstag gratulieren. Ich wünsche dir vor allem noch eine angenehme Zeit bei der Bundeswehr – ohne Ärger und Probleme! In acht Wochen hast du es ja geschafft. Sicher freust du dich schon auf die Entlassung.

Jetzt zum Landheim! Es liegt landschaftlich sehr schön, am Rande der Lüneburger Heide. Vor kurzem wurde es renoviert, sodass alle Räume sauber und freundlich aussehen. Mit Klaus und Franz habe ich ein Dreibettzimmer bezogen. Das Essen schmeckt übrigens prima! Die Herbergseltern mögen wir alle. Sie zeigen sich stets nett und verständnisvoll. Es ist eigentlich alles in bester Ordnung, nur die Sache mit dem Fahrrad bedrückt mich sehr. Wir hatten mit unseren Lehrern vereinbart, Räder mitzunehmen, um die Lüneburger Heide zu entdecken. So, und jetzt muss ich dir etwas beichten. Da mir mein Fahrrad zu klapprig vorkam, entschied ich mich einfach für deines. Gemeinsam gaben wir die Räder bei der Bahn auf. Wie zugesagt, fuhr am zweiten Mittag unseres Hierseins der Speditions-Lkw der Bundesbahn vor. Aufgeregt rannten wir alle in den Hof. Jeder wollte sein Fahrrad zuerst haben. Schließlich war der Lkw leer, nur ich stand ohne Rad da. Aufgeregt redete ich auf den Fahrer ein, aber der zuckte nur die Schultern. Herr Maier, unser Klassenlehrer, versuchte mich zu beruhigen. Er rief sofort beim Bahnhof in Lüneburg an, um sich nach dem Fahrrad zu erkundigen. Bei der dortigen Gepäckabfertigung war es auch nicht auffindbar. Immer wieder kreiste der Gedanke in meinem Kopf: Was wird Martin sagen, wenn er hört, dass sein Fahrrad weg ist? Mir blieb jetzt nur noch, bei der Bundesbahn eine Verlustanzeige aufzugeben. Herr Maier half mir beim Aufsetzen derselben. Ich konnte vor Aufregung kaum schreiben. Nun warte ich schon vier Tage auf irgendeine Nachricht. Es ist qualvoll! Freundlicherweise leiht mir der Herbergsvater sein Rad für unsere Touren. Martin, es ist mir sehr peinlich, dass es gerade dein Fahrrad ist, das verloren ging. Verzeihst du mir überhaupt, dass ich ohne Erlaubnis dein Rad genommen habe?

Soeben hupt es vor dem Haus. Ich muss schauen, was los ist. – Juchhe, juchhe, das Rad ist da! Der Bahn-Spediteur hat es gerade gebracht! Was meinst du, wo es war? Versehentlich wurde es nach Hamburg transportiert. Bin ich froh, dass es da ist! Jetzt erst kann ich das Landheim richtig genießen! Ich hoffe auf Nachsicht und grüße dich herzlich.

Eberhard.

P. S. Wie wirst du in der Kaserne den Geburtstag feiern?

Hier kannst du üben:

1. Übung zum Inhalt des Briefes

Schullandheimaufenthalt ☐
Verlust des Fahrrades ☐
Auftauchen des Fahrrades ☐
Schuldbewusstsein ☐
Bundeswehrzeit des Bruders ☐
Geburtstag des Bruders ☐

Nummeriere die Themen in der Reihenfolge, wie der Schreiber des Beispielbriefes sie ausführt!

2. Übung zur Beschreibung von Gefühlen

Unterstreiche im Beispielaufsatz Sätze, die Gefühle des Briefschreibers ausdrücken!

3. Übung zu den Schlussformeln

a) Herzliche Grüße
b) Viele Grüße von –
c) Viele Grüße sendet –
d) Mit freundlichen Grüßen
e) Herzlichst
f) Mit den besten Grüßen
g) Sei vielmals gegrüßt von –
h) Herzliche Feriengrüße
i) Ich grüße dich herzlich

Umrande die Schlussformeln, die sich für nahestehende Personen eignen!

Die Lösungen findest du auf Seite 219.

Thema: Der Collie

„Dieser Gemeinheit schaue ich nicht länger zu. Jetzt melde ich den Tierquäler aber der Polizei!“ Empört zeigst du deiner Kusine, die gerade bei dir die Ferien verbringt, den Collie. Der Hund liegt angekettet in einem verwilderten Gartengrundstück weit außerhalb der Ortschaft. „Wie das arme Tier bloß aussieht!“ „Vielleicht ist der Besitzer des Hundes verreist?“, vermutet deine Kusine. Doch du schüttelst den Kopf: „Nein, ich komme doch immer wieder mit dem Fahrrad hier vorbei und dann schaue ich jedesmal nach dem Hund! Schon beim ersten Mal tat mir das Tier leid. Doch damals sah es so aus, als ob sich wenigstens ab und zu jemand um den Collie kümmerte. Aber jedesmal, wenn ich wieder vorbeikam, ging es dem Hund schlechter. Und jetzt – du siehst es ja selbst!“

Das alles trug sich vor einigen Wochen zu und auf dem Nachhauseweg hattest du damals den Vorfall der Polizei gemeldet ...

Heute nun erhältst du vom Tierschutzverein einen Brief. Du erfährst darin folgendes: Der Collie befindet sich jetzt in einem Tierheim und hat sich dort inzwischen recht ordentlich erholt. Der Hundebesitzer jedoch fordert sein Tier zurück und droht sogar mit einer Klage vor Gericht. Aus diesem Grund benötigt der Tierschutzverein von dir dringend einen Augenzeugenbericht. Denn der Tierschutzverein will das Tier keinesfalls dem ehemaligen Besitzer wieder ausliefern.

Arbeitsanweisung:

a) Du willst dem Tier nochmals helfen! Schreibe deshalb an den Tierschutzverein Stuttgart, Furtwänglerstr. 150, 70195 Stuttgart.

b) Deine Kusine hat einen Hund bekommen. Du schickst ihr deshalb das Buch „Über den Umgang mit Hunden“. Schreibe einen Brief dazu und erzähle, wie es mit dem Collie weiterging.

Ratschläge für die Bearbeitung

zu Aufgabe a:

Das kannst du tun:		**Das erreichst du damit:**
1. Beantworte für den Augenzeugenbericht folgende Fragen: Wann? – Wo? – Wer? – Wie? – Warum? – Was?	⇒	So ergibt sich ein wesentliches Merkmal des Augenzeugenberichts, nämlich genauen Aufschluss über ein Geschehen zu geben.
2. Beschreibe deine Beobachtungen anschaulich! Treffende Adjektive helfen dir dabei.	⇒	Der Leser kann sich gut in den Vorfall versetzen.
3. Wähle für den Augenzeugenbericht als Zeitstufe das Präteritum.	⇒	Du zeigst damit, dass sich deine Beobachtungen auf die Vergangenheit beziehen.

zu Aufgabe b:

Das kannst du tun:		**Das erreichst du damit:**
1. Im persönlichen Brief ist Themenwechsel erlaubt und sogar erwünscht. Suche im Text die Themen, die du im Brief an deine Kusine ausführen sollst!	⇒	Dadurch erhältst du einen Überblick, worüber du schreiben sollst.
2. Versieh deinen Brief mit Einleitung und Schluss!	⇒	Die Einleitung stellt den Kontakt her zur Briefpartnerin, der Schluss rundet mit einem abschließenden Gedanken und der Verabschiedung den Brief ab.
3. Gehe im Hauptteil des Briefes zuerst auf die Belange der Briefpartnerin ein; berichte dann von eigenen Angelegenheiten! Stelle auch Fragen an deine Kusine und erbitte Auskünfte von ihr!	⇒	Auf diese Weise bekundest du Höflichkeit der Empfängerin des Briefes gegenüber. Du machst deutlich, dass du Anteil nimmst an den Interessen und Erlebnissen deiner Briefpartnerin.

Lösungsvorschlag zu Aufgabe a

Julia Schulze
Mittelstr. 7
70180 Stuttgart

Stuttgart, den 27. 3. ....

An den Tierschutzverein
Furtwänglerstr. 150
70195 Stuttgart

Vernachlässigung eines Hundes

Sehr geehrte Damen und Herren,

bezugnehmend auf Ihren Brief vom 22. 3. schicke ich anbei den gewünschten Augenzeugenbericht zur Tierquälerei des Ihnen bekannten Collie.

Vor einigen Wochen fuhr ich öfters mit dem Fahrrad an dem völlig verwilderten Gartengrundstück vorbei. Jedesmal schaute ich nach dem Collie. Meistens stand er vor seiner Hundehütte, an einem Pflock angekettet. Da die Kette äußerst kurz war, hatte das arme Tier nur einen kleinen Bewegungsradius. Es sah ziemlich traurig und ungepflegt aus. Der Fressnapf enthielt nur selten Futter. Die aus verschieden breiten Holzbrettern zusammengenagelte Hundehütte machte auf mich einen baufälligen Eindruck. Das Aussehen des Hundes verschlimmerte sich von Mal zu Mal. Niemand schien sich mehr um den Collie zu kümmern. Fast teilnahmslos und verschmutzt lag er auf dem schlammigen Gartenboden, natürlich angekettet. Sein leerer Freßnapf stand halb zerbrochen neben ihm. Das Dach der Hundehütte war jetzt eingebrochen.

Schließlich wurde ich Zeuge eines noch schrecklicheren Anblicks. Rasend vor Hunger und gänzlich verwahrlost versuchte sich der Hund mit letzter Kraft loszuketten. Sein dünn gewordenes zottiges Fell war völlig verdreckt. Das aufgewühlte Erdreich zeigte, dass das Tier schon längere Zeit um sein Leben kämpfte. Weit und breit sah ich keinen Futternapf mehr. Die Hundehütte war in sich zusammengefallen. Es bot sich ein Bild des Elends!

Bitte unternehmen Sie alles, um das Tier nicht wieder seinem Besitzer ausliefern zu müssen!

Mit freundlichen Grüßen

Julia Schulze

Hier kannst du üben:

1. Übung zum Inhalt des Augenzeugenberichts

Wann wurde die Beobachtung gemacht? ______________________

Wo ereignete sich das Geschehen? __________________________

Wer stand im Mittelpunkt des Vorfalls? _____________________

Wie sah der Hund aus? _____________________________________

Warum verwahrloste das Tier? _____________________________

Was geschah schließlich mit dem Collie? ___________________

Beantworte die Fragen mit Hilfe des Textes und der 3 Bilder!

2. Übung zur Veranschaulichung

Markiere im Beispielaufsatz die Adjektive, die den Hund beschreiben!

3. Übung zur Zeitstufe Präteritum

Dieser Gemeinheit ____________________ ich nicht länger zu. (schauen)

Ich __________________ den Tierquäler der Polizei. (melden)

Empört __________________ ich meiner Kusine, die gerade bei mir die Ferien ________________________, den Collie. (zeigen, verbringen)

Der Hund _____________________ angekettet in einem verwilderten Gartengrundstück. (liegen)

Wie das arme Tier nur _________________ ! (aussehen)

Trage die eingeklammerten Verben im Präteritum in die Lücken ein!

Die Lösungen findest du auf Seite 220.

Lösungsvorschlag zu Aufgabe b

28. 3. …

Liebe Frauke,

kaum zu glauben, es sind schon wieder 4 Wochen vergangen, seit du hier warst. Ich denke noch gerne an die gemeinsamen Ferientage zurück. Du auch?

Was macht „Klein Bello?“ Schicke mir doch mal ein Bild von ihm! Bellt er noch so viel wie am Anfang? Sicherlich ist er mittlerweile stubenrein, oder? Damit du weiterhin bei der Pflege und Erziehung deines Lieblings alles richtig machst, schicke ich dir mit der gleichen Post ein Buch mit dem Titel „Über den richtigen Umgang mit Hunden“. Ich hoffe, dass du es noch nicht hast.

Doch nun zu dem armen Collie. Die Polizei muss nach unserer Anzeige sofort gehandelt haben. Sie verschaffte sich Zugang zu dem verwilderten Gartengrundstück, nachdem der Hundebesitzer zunächst nicht ausfindig zu machen war. Der Collie wurde von der Kette befreit und sofort ins Tierheim gebracht. Wie ich weiter erfuhr, geht es ihm inzwischen recht gut.

Aber nun kommt das Erstaunliche! Der Hundebesitzer meldete sich irgendwann im Tierheim und forderte den Collie zurück. Er droht mit einer gerichtlichen Klage, wenn er seinen Hund nicht zurückbekommt.

Vorgestern erhielt ich nun vom Tierschutzverein einen Brief. Er bittet um einen Augenzeugenbericht zu dem Vorfall. Ich kam der Bitte gleich nach, denn es kann doch nicht angehen, den Collie wieder dem Hundebesitzer auszuliefern. Das findest du doch sicherlich auch! Ich halte dich auf dem Laufenden.

Jetzt muss ich aber meine Hausaufgaben erledigen. Ich wünsche dir weiterhin viel Freude mit Bello und grüße dich

Julia

Sage auch deinen Eltern einen Gruß von mir!

Hier kannst du üben:

1. Übung zum Inhalt des Briefes

Nummeriere die Themen in der Reihenfolge, in der die Schreiberin des Beispielaufsatzes sie ausführt!

- ☐ Brief an den Tierschutzverein
- ☐ Collie im Tierheim und Drohung des Hundebesitzers
- ☐ Hund der Kusine
- ☐ Gemeinsame Ferien

2. Übung zur Einleitung und zum Schluss des Briefes

Markiere im Beispielbrief Einleitung und Schluss!

Schreibe auf,

- mit welchem Gedanken die Briefschreiberin den Kontakt zur Kusine herstellt,
- mit welchem Gedanken sie sich von der Kusine verabschiedet.

3. Übung zum Hauptteil des Briefes

Trage die Zeilenangaben ein:

Die Belange der Kusine werden angesprochen
von Zeile ____ bis Zeile ____

Die Mitteilungen der Briefschreiberin stehen
in Zeile ____ bis Zeile ____

Unterstreiche im Beispielbrief die Fragen, die an die Kusine gerichtet werden!

Die Lösungen findest du auf Seite 220.

Thema: Geisterbahn

Geisterbahn

So stellt sich wohl jeder Straßenbahnführer einen Alptraum vor: Man kehrt, sich menschliche Erleichterung verschafft habend, vom stillen Örtchen zurück – und sieht gerade noch, wie sich der gelb-weiße Zug mit einer Handvoll Fahrgästen an Bord aus dem Staube macht.

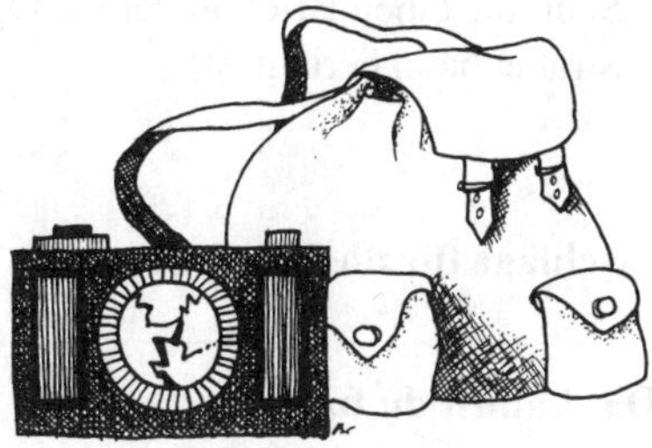

Ohne Fahrer, rückwärts den Hügel hinab. Einem Bediensteten der Stuttgarter Straßenbahnen (SSB) ist es jetzt an der Gerlinger Endhaltestelle just so ergangen. Der Zugführer, er hatte die Bremse nicht angezogen, hechtete seinem Schienenfahrzeug hinterher und hatte dabei erneut Pech. Beim Versuch, auf die Straßenbahn aufzuspringen, stolperte er und fiel auf die Nase. Ergebnis: eine Platzwunde. Zudem erlitt der Mann einen Schock und musste ins Krankenhaus gebracht werden. Den Zug stoppte schließlich per Notbremse, nach fast 400 Metern Fahrt die Schillerstraße hinab, einer der Fahrgäste – schweißgebadet ... *tab*

Du bist zufällig ein Fahrgast in dieser Straßenbahn gewesen. Du warst auf der Heimreise von deinem Opa in Gerlingen, bei dem du einige Ferientage verbracht hattest. Und dann passierte diese Geschichte mit der Straßenbahn. Zu Hause stelltest du beim Öffnen deines Rucksacks mit Schrecken fest, dass dein Fotoapparat beschädigt war und nicht mehr funktionierte. Das war mit Sicherheit bei der Notbremsung passiert.

Bei einem Anruf bedauerte die SSB den Schaden und versprach dir, alles zu ersetzen. Aus versicherungstechnischen Gründen verlangte sie folgende Unterlagen: einen Bericht, wie es zu dem Schaden gekommen ist (Schadensmeldung) und einen Nachweis, wieviel die Reparatur kosten wird (Kostenvoranschlag eines Fotofachgeschäfts).

Arbeitsanweisung:

a) Schreibe den erforderlichen Brief an die Stuttgarter Straßenbahnen, Abteilung „Schadensmeldung“, Postfach 10 11 10, 70173 Stuttgart!
b) Schreibe einen Brief an deinen Opa, in dem du auch über dein Erlebnis in der Straßenbahn berichtest!

Ratschläge für die Bearbeitung

Das kannst du tun:		**Das erreichst du damit:**
Halte dich genau an die Hinweise, die in den beiden Kästchen stehen!	⇒	Dadurch erfüllst du die Briefform, die allgemein üblich ist.

zu Aufgabe a:

Name — Ort, Datum
Adresse

2–3 Zeilen frei

Name des Empfängers
Anschrift des Empfängers

Stichpunktartige Angabe zum Inhalt (z. B. Beschädigung des Fotoapparats)

1 Zeile frei

Anrede links an den Rand

Text:
1. Schreibe alle Anredefürwörter groß!
2. Schreibe sachlich und knapp!
3. Gliedere den Brieftext in Einleitung, Hauptteil und Schluss!

1 Zeile frei

Grußformel
Unterschrift

zu Aufgabe b:

Ort, Datum

1 Zeile frei

Anrede links an den Rand

Text: 1. Schreibe so, als ob du mit der Person reden würdest: also ausführlich und anschaulich und Gefühle ausdrückend!
2. Gliedere den Brieftext in Einleitung, Hauptteil und Schluss!

1 Zeile frei

Grußformel
Unterschrift

Mit diesen Tipps werden deine Briefe spitze!

Lösungsvorschlag zu Aufgabe a

Ute Müller
Langstr. 33
70174 Stuttgart

Stuttgart, den 5. 4. …

An die SSB
Abteilung „Schadensmeldung“
Schockenriedstr. 50
70565 Stuttgart

Beschädigung eines Fotoapparats

Sehr geehrte Damen und Herren,

bezugnehmend auf das Telefonat vom 4. April schicke ich Ihnen den gewünschten Bericht, aus dem hervorgeht, dass mein Fotoapparat in der Straßenbahn beschädigt wurde.

Am 3. April stieg ich an der Gerlinger Endhaltestelle in die Straßenbahn ein. Kurz vor der angegebenen Abfahrt (17.05 Uhr) setzte sich die führerlose Bahn rückwärts in Bewegung. Sie rollte die etwas abschüssige Schillerstraße hinab. Der hinter der Bahn herrennende Zugführer – er kam vom WC – konnte auf diese nicht mehr aufspringen. Jemand zog die Notbremse. Durch den entstandenen Ruck fiel mein Rucksack, in dem sich der Fotoapparat befand, auf den Boden. Dabei wurde er offensichtlich so beschädigt, dass er nicht mehr funktioniert.

Einen Kostenvoranschlag für die Reparatur lege ich bei.

Ich bitte Sie höflichst um baldige Bearbeitung meiner Schadensmeldung und bedanke mich im Voraus für Ihre Bemühungen.

Mit freundlichen Grüßen

Ute Müller

Anlage: Kostenvoranschlag

Hier kannst du üben:

1. Übung zu den Anredefürwörtern

Setze die fehlenden Anredefürwörter mit großen Anfangsbuchstaben in die Lücken ein und achte dabei auf die Großschreibung:

sie, ihnen, ihr, ihre, ihrem, ihren, ihrer, ihres

Sehr geehrte Frau Müller!

Gestern haben wir ________ Schreiben erhalten. Wir werden ________ Forderung überprüfen und ________ bald Nachricht zukommen lassen. Gedulden ________ sich bitte einige Tage. Natürlich können wir________ Ärger verstehen. Wir entschuldigen uns bei ________ für die Aufregung und ________ Mühe, die ________ wegen ________ Fotoapparates haben aufwenden müssen.

2. Übung zur Einleitung und Gliederung des Briefes

Du könntest deinen Brief beginnen

– mit dem Hinweis auf das geführte Telefonat a ☐
– mit der Beschädigung des Fotoapparates b ☐
– mit der Mitteilung, dass du einer der Fahrgäste warst c ☐

Kreuze an, wie der Beispielbrief eingeleitet ist!

Zeige die Gliederung des Briefes auf!

Einleitung: Zeile _____ bis Zeile ____

Hauptteil: Zeile _____ bis Zeile ____

Schluss: Zeile _____ bis Zeile ____

3. Übung zur Sachlichkeit und Kürze des Briefes

Unterstreiche im Brief die Sätze, die den Vorfall <u>mit</u> und <u>in</u> der Straßenbahn sachlich und knapp beschreiben!

Zeile ____ bis Zeile ____

Die Lösungen findest du auf Seite 220.

Lösungsvorschlag zu Aufgabe b

Stuttgart, den 5. 4. …

Lieber Opa,

die Ferientage bei dir waren wirklich schön. Du hast so viel mit mir unternommen. Dafür danke ich dir nochmals!

Opa, du wirst es kaum glauben können, was auf der Heimfahrt passierte. Wie du weißt, stieg ich an der Gerlinger Endhaltestelle in die Straßenbahn ein. Einige Leute saßen schon drin. Ich wunderte mich, dass weit und breit kein Zugführer zu sehen war. Nun ja, ich suchte mir einen Fensterplatz und stellte meinen Rucksack neben mich. Kaum saß ich, setzte sich die Straßenbahn in Bewegung, aber nicht vorwärts, sondern rückwärts – den Hügel hinab! Opa, du kennst ja die Stelle. Draußen sah man den Zugführer hinter der Bahn herrennen. Er wollte aufspringen, verfehlte das Trittbrett und fiel hin. Die Bahn wurde immer schneller. Alle Fahrgäste schrien durcheinander. Opa, mich durchzog ein schauriges Gefühl; ich hatte schreckliche Angst. Ich presste mich an meinen Sitz und schloss die Augen. Die Frau vor mir weinte laut und der alte Mann hinter mir schrie: „Zieh doch einer die Notbremse!“ Jemand sprang auf und riß den roten Griff nach unten. Ein fürchterlicher Ruck, die Bahn stand! Schweißgebadet ließ ich mich auf meinen Sitz fallen. Die anderen Fahrgäste stürzten kopflos aus der „Geisterbahn“. Gott sei Dank wurde niemand verletzt!

Jetzt muss ich dir aber noch erzählen, wie es überhaupt zu dem Vorfall kam. Der Zugführer musste an der Endhaltestelle aufs Klo. Ja, und in der Eile vergaß er die Handbremse zu ziehen. Er liegt jetzt übrigens im Krankenhaus mit einem Schock und einer Platzwunde.

So, jetzt möchte ich dein Gesicht sehen. Weißt du, was noch ärgerlich ist? Bei der Notbremsung fiel mein Rucksack auf den Boden und der Fotoapparat, den ich darin hatte, wurde beschädigt. Die SSB versprach mir am Telefon, für den Schaden aufzukommen. Hoffentlich! Ich habe mir schon im Fotogeschäft einen Kostenvoranschlag für die Reparatur besorgt.

Auf deinen Antwortbrief, lieber Opa, bin ich sehr gespannt.

Ich grüße dich

deine Ute

P. S. Im Rucksack fand ich deinen blauen Kuli und dein Taschenmesser!

Hier kannst du üben:

1. **Übung zur Einleitung des Briefes**
   Du könntest deinen Brief beginnen
   - mit der Begründung, warum du sofort nach deiner Rückkehr schreibst a ☐
   - mit der Erinnerung an die Ferientage in Gerlingen b ☐
   - mit der Mitteilung, dass heute der erste Schultag war c ☐

   Kreuze an, wie der Beispielbrief eingeleitet wird!

2. **Beschreibung von Gefühlen**
   Unterstreiche in dem Brief Sätze, die Gefühle wie Angst und Schrecken beschreiben!
   Die Sätze stehen in Zeile ___ bis Zeile ____

Die Lösungen findest du auf Seite 220.

Übungsteil: Inhalt angeben

Thema: Der unerwünschte Passagier

Da stand auf einem der neuen Flugplätze in Holländisch-Ostindien ein junger Mann mit einem Flugbillett nach Amsterdam in der Tasche. Schwer genug war es ihm geworden, sich das nötige Geld für dieses Billett zu verschaffen. Aber er hatte Heimweh. Für ihn gab es nur zwei Möglichkeiten: krepieren oder heimkehren. Ein seltsamer Fluggast war dieser junge Mann. Er trug ein kleines Köfferchen bei sich, das schlimm genug aussah. Anderes Gepäck hatte er nicht. Die Kleidung – na ja –, jedenfalls stach er erheblich von den übrigen zwanzig Passagieren ab, die mit der „Rotterdam" nach Europa zurückwollten. Aber er hatte mit guten, echten Gulden bezahlt. Der junge Mann frühstückte nicht im Restaurant des Flugplatzes. Wahrscheinlich schämte er sich und wollte den feinen Fluggästen durch sein heruntergekommenes Äußeres den Appetit nicht verderben. Oder aber er besaß keine Gulden mehr, um sich den Luxus eines Frühstücks zu leisten.

In der Flugkantine aßen die sechs Besatzungsmitglieder der „Rotterdam". Sie hatten sich die gewohnten „blutigen" Steaks – auf englische Art, bitte! – bestellt und entwickelten trotz der brütenden Hitze einen gesunden Appetit. Dann tönte der Lautsprecher: „Flug Nummer 254 nach Amsterdam! Die Passagiere werden gebeten, die Plätze einzunehmen."

Unten winkten die blitzenden Schaumkämme des Ozeans. Die Stewardess reichte Erfrischungen. Etwa in der Mitte des Rumpfes, neben einem sehr dicken Herrn, der sich unablässig den Schweiß von der Stirn wischte, hatte der junge Mann einen Fensterplatz. Er war die Sensation, ein Tramp inmitten dieser erlesenen Gesellschaft. Man empfand Unbehagen bei seinem Anblick, weil er so ausgemergelt, so ausgehungert aussah.

Aber der junge Mann war glücklich. Zum erstenmal seit Jahren fühlte er sich wohl. Das kam von dem leisen Vibrieren, dem leichten Wiegen der nun auf 2000 Metern Höhe fliegenden Maschine. Er fühlte sich gewissermaßen in seinem Element, hatte er doch während des letzten Krieges einen schweren Bomber geflogen. Und das war wohl auch die Wurzel seines ganzen Elends: Da war er einmal von der Erde losgekommen, hatte sein Leben der Luft geweiht, dem Fliegen, dieser Freiheit des Herzens, von der man immer wieder träumt, die einen nicht loslässt, wenn man sie sich einmal erobert hat. Das Schicksal aber hatte ihm die Flügel verbrannt. Er war abgestürzt, haftete auf dieser erbärmlichen Erde, ohne Kraft, wieder von ihr loszukommen.

Die „Rotterdam“ flog etwa eine Stunde auf Kurs, unter ihr die weite Fläche des Wassers, über ihr der blaue, am Horizont dunstige Himmel. Die Passagiere merkten zunächst nichts. Der erste Pilot musste das Steuer frühzeitig an die Ablösung übergeben, weil er eine Übelkeit verspürte, die sich rasch verschlimmerte. Und schon stellte sich heraus, dass die beiden Funker, vom gleichen Übel befallen, sich in Krämpfen wanden – und danach die beiden Mechaniker. Der Steward brach im Passagierraum zusammen. Der junge Mann hob ihn auf und trug ihn mit Hilfe der Stewardess nach hinten.

Die Stewardess, die nach belebendem Kölnisch Wasser gegangen war, erschien mit angstweiten Augen. Sie flüsterte dem jungen Mann zu, dass auch der zweite Pilot mit der Übelkeit kämpfe – da sei doch alles verloren! Der junge Mann spürte, wie die Maschine schwankte und seitlich abglitt. Er durchströmte den Raum. Die Passagiere raunten. Besorgnis, Angst, Verwirrung zeichneten sich auf den Gesichtern. Er lief durch den Gang in den Pilotenstand, in dem der Flugzeugführer dicke Schweißtropfen auf der Stirne, nur noch mühsam das Steuer hielt. Der junge Mann drückte den Kranken vom Sitz, fasste mit beiden Händen den Knüppel und kontrollierte mit raschem Blick die Armaturen.

Er fühlte beglückt, wie die schwere Maschine seinem Willen gehorchte. Er lauschte auf das Summen der Motoren, setzte sich fest in die Maschine hinein und verband Herz und Seele mit ihr. Die Stewardess, die ihm gefolgt war, starrte ihn an. Sah sie Gespenster? Ein abgerissener junger Passagier steuerte die blinkende, luxuriös ausgestattete Maschine! Da blickte er sie an, lächelte und nickte mit dem Kopf nach rückwärts. Sie verstand. Mit bezwingendem Lächeln trat sie zwischen die Passagiere, erklärte kurz, was vorgefallen war, dass die Maschine aber nun in den sicheren Händen eines erfahrenen Kriegsfliegers liege und dass man den nächsten Flugplatz anfliegen werde. Man bestürmte sie mit Fragen, wollte wissen, wer denn der seltsame junge Mann sei, und wie es doch so wunderbar wäre, dass man gerade ihm, der eigentlich in solcher Gesellschaft nichts verloren habe, das Leben verdanke.

Dies sei ganz ohne Zweifel der Fall. Aber mehr wisse sie auch nicht von dem jungen Mann. Da sagte eine ältere Dame, dass alles wohl eine Fügung Gottes sei. Natürlich legte sich die Spannung nicht, die alle erfasst hatte. Und der junge Mann vorne am Steuer mühte sich mit der Aufgabe, diese gigantische Maschine allein und nur nach dem Gefühl zu fliegen. Er fühlte sich grenzenlos einsam, und die Verantwortung, die er übernommen hatte, lastete schwer. Dennoch gelang die Landung, etwa eine Stunde später, auf einem ihm unbekannten Flugplatz. Man spricht noch heute darüber, dort, wo man es miterlebte, wie die Maschine ohne Voranmeldung über dem Platz erschienen war und zur Landung angesetzt hatte. Die ärztliche Untersuchung ergab bei allen Besatzungsmitgliedern eine Fleischvergiftung, wovor die Stewardess nur deshalb bewahrt geblieben war, weil sie englische Steaks verabscheute.

Der fremde junge Mann aber wurde von den Flugpassagieren dankbar gefeiert. Die Flugleitung bot ihm sofort eine feste Anstellung. Das Gesicht des jungen Piloten sah plötzlich nicht mehr ausgemergelt und verhungert aus, obwohl er noch keinen Bissen hinuntergebracht hatte. Auf dem Bett des Flugleiters war er erschöpft eingeschlafen.

Wolfgang Altendorf

Arbeitsanweisung:

a) Schreibe eine Inhaltsangabe!

b) Häufig werden Menschen nach dem Äußeren beurteilt. Ist dies richtig? Schreibe anhand eines oder mehrerer Beispiele deine Meinung dazu!

Ratschläge für die Bearbeitung

zu Aufgabe a:

Das kannst du tun:		Das erreichst du damit:
1. Beantworte in der Einleitung die Fragen: Wer? Wo? Was?	⇒	Du gibst damit die verlangte Vorschau auf den Inhalt der Geschichte.
2. Schreibe im Hauptteil nur das Entscheidende und Wesentliche des Geschehens!	⇒	Damit erfüllst du das wichtigste Merkmal einer Inhaltsangabe.
3. Gib im Schluss Antwort auf die Frage: Was war der Sinn der Geschichte?	⇒	Auf diese Weise zeigst du deine Fähigkeit, ein Geschehen zu werten und zu würdigen.

zu Aufgabe b:

Das kannst du tun:		Das erreichst du damit:
1. Führe in einer kurzen Einleitung zum Thema hin!	⇒	So stimmst du den Leser auf die Problematik ein.
2. Behandle mindestens drei Gesichtspunkte, die du durch Beispiele aus dem Erlebnisbereich veranschaulichst!	⇒	Dadurch bekommt dein Aufsatz Aussagekraft.
3. Beantworte im Schlussteil die in der Arbeitsanweisung gestellte Frage!	⇒	Du zeigst, dass du zu einer persönlichen Stellungnahme fähig bist.

Lösungsvorschlag zu Aufgabe a

Inhaltsangabe: Der unerwünschte Passagier

Die Geschichte „Der unerwünschte Passagier" von Wolfgang Altendorf erzählt von einem jungen Mann, der in Holländisch-Ostindien auf einem Flugplatz steht mit dem Ziel, nach Amsterdam zu fliegen. Das Heimweh treibt ihn nach Europa.

Durch Gepäck und Kleidung unterscheidet sich der junge Mann erheblich von den übrigen Fluggästen. Er trägt nur ein kleines, schäbiges Köfferchen und seine Kleider wirken äußerst ungepflegt. Warum er vor dem Abflug der „Rotterdam" im Flughafenrestaurant nicht frühstückt, kann man nur vermuten. Die Besatzungsmitglieder des Flugzeugs – außer einer Stewardess – stärken sich indessen trotz großer Hitze mit „blutigen Steaks". Schließlich startet die „Rotterdam". Der junge Mann sitzt in der Mitte des Flugzeugrumpfes, wo er erneut wegen seines heruntergekommenen Aussehens auffällt. In seinem Glücksgefühl merkt er dies jedoch nicht. Erinnerungen an den letzten Krieg kommen in ihm auf, als er einen schweren Bomber flog.

Nach etwa einer Stunde Flugzeit überkommt den Piloten der „Rotterdam" eine schlimme Übelkeit, er muss das Steuer dem Copiloten übergeben! Bald darauf werden sowohl die beiden Funker und Mechaniker als auch der Steward von fürchterlichen Krämpfen gequält. Alles scheint verloren, denn der zweite Pilot der Maschine kämpft ebenfalls mit großer Übelkeit. Von der Stewardess erfährt der junge Mann von der sich anbahnenden Katastrophe. Er eilt in das Cockpit, drückt den stöhnenden Piloten vom Sitz und übernimmt selbst das Steuer, nachdem er noch einen Blick auf die Armaturen geworfen hat. Die Maschine gehorcht seinem Willen.

Die erstaunte und zugleich erleichterte Stewardess informiert inzwischen die Passagiere über das unheilvolle Geschehen und auch darüber, dass das Flugzeug jetzt in den sicheren Händen des jungen Mannes liege, der sich als erfahrener Flieger entpuppt habe.

Die Landung gelingt nach etwa einer Stunde auf einem dem jungen Piloten unbekannten Flugplatz. Eine ärztliche Untersuchung ergibt übrigens, dass die Besatzungsmitglieder an einer Fleischvergiftung leiden, von der die Stewardess verschont blieb, weil sie kein Steak aß. Der junge Pilot wird von den Passagieren dankbar gefeiert, die Flugleitung bietet ihm sogar eine feste

Anstellung an. Er aber hat nur den Wunsch zu schlafen. Sein Gesicht wirkt nicht mehr ausgemergelt und verhungert.

Die Geschichte zeigt, dass wir unsere Mitmenschen nicht nach dem äußeren Erscheinungsbild beurteilen sollen. Wir können ihnen sonst sehr unrecht tun.

Hier kanst du üben:

1. **Übung zur Einleitung**
   Wer ist die Hauptperson in der Geschichte?
   Wo befindet sich diese?
   Was hat sie vor?

2. **Übung zum Hauptteil**
   Gliedere den Originaltext in Sinnabschnitte und schreibe zu jedem Sinnabschnitt eine passende Überschrift!

   1. Sinnabschnitt bis Zeile _____ :

      ____

   2. Sinnabschnitt bis Zeile _____ :

      ____

   3. Sinnabschnitt bis Zeile _____ :

      ____

   4. Sinnabschnitt bis Zeile _____ :

      ____

   5. Sinnabschnitt bis Zeile _____ :

      ____

   Schreibe zu jedem Sinnabschnitt Stichwörter auf:

   1. Sinnabschnitt: ______________________________

      ____

   2. Sinnabschnitt: ______________________________

      ____

3. Sinnabschnitt: ______________________________

____

4. Sinnabschnitt: ______________________________

____

5. Sinnabschnitt: ______________________________

____

3. Übung zum Schluss

Unterstreiche im Beispielaufsatz die Sätze, die den Sinn der Geschichte nennen!

Die Lösungen findest du auf Seite 221.

Lösungsvorschlag zu Aufgabe b

Häufig werden Menschen nach dem Äußeren beurteilt: Ist das richtig?

Im allgemeinen haben sich in uns Vorstellungen vom Aussehen eines Menschen verfestigt. Weicht das Äußere davon ab, fällt der Mensch auf, positiv oder negativ. Er genießt dann entweder Ansehen und löst in uns vielleicht sogar Bewunderung aus, oder er erfährt Missfallen und erzeugt Blicke der Ablehnung.

Nun stellt sich die Frage, was das Äußere eines Menschen überhaupt ausmacht. Sicherlich wird es in erster Linie bestimmt von Hautfarbe, Frisur und Kleidung. Was die Hautfarbe betrifft, so laufen besonders Menschen mit einer dunklen Haut Gefahr, abgewertet zu werden. So gelten Zigeuner als schmutzig und Farbige als gefährlich, vor denen man sich in Acht nehmen muss. Nicht selten verbieten deshalb weiße Eltern ihren Kindern den Umgang mit Dunkelhäutigen. Diese Erfahrung machte ich unlängst, als eine afrikanische Familie in unsere Straße zog.

Hinsichtlich der Frisur sind wir geneigt, alle Jugendliche, die sogenannte Punkerfrisuren tragen, als radikal und rebellisch zu bezeichnen. Besonders ältere Menschen verfallen in den Fehler, Träger von Punkerfrisuren missbilligend zu betrachten und sich auch entsprechend zu äußern. Neulich wurde ich in der Straßenbahn Zeuge eines solchen Gesprächs.

In besonderem Maße ist es die Kleidung, nach der wir Mitmenschen beurteilen. Wer modisch und chic gekleidet ist, gilt etwas, nach dem Motto „Kleider machen Leute“. Ärmliche, ungepflegte oder gar andersartige Kleidung signalisiert uns zunächst Zurückhaltung. Der andere hat es schwer, Beachtung und Anerkennung zu finden. In diesem Zusammenhang fallen mir Ausländer aus fernen Ländern ein, die wegen ihrer nach unserem Geschmack ungewöhnlichen Kleidung oft geringschätzig betrachtet werden.

Die Ausführungen sollten zeigen, dass wir unsere Mitmenschen nicht nach dem Äußeren beurteilen dürfen. Wir laufen sonst Gefahr, ihnen sehr unrecht zu tun. Charakter, Fähigkeiten und Können müssen sich keineswegs im Äußeren widerspiegeln.

Hier kanst du üben:

1. Übung zur Einleitung

In der Einleitung kannst du
- allgemeine Feststellungen machen a ☐
- eigenes Erleben darstellen b ☐
- vom Teil a ausgehen c ☐

Kreuze an, mit welcher Möglichkeit der Beispielaufsatz beginnt!

2. Übung zum Hauptteil

Schreibe die ausgeführten Erscheinungsbilder auf, die Anlaß zur Fehldeutung geben.

____

____

____

Markiere jeweils die dazu gehörenden Beispiele!

3. Übung zum Schluss

Wie beantwortet der Schreiber des Beispielaufsatzes die Frage der Themenstellung?
- Bejaht er sie?
- Verneint er sie?

Entscheide! ______________________________

Die Lösungen findest du auf Seite 221.

Thema: Der Anruf

Eva und Michael saßen in der Milchbar. Es regnete. „Kommst du mit ins Freizeitheim? Wir haben ein Sommerfest." Eva zögerte. „Ich habe noch nie getanzt. Außer mit meinem Vater Walzer."

An Neujahr war das gewesen. Aus dem Radio klang laute Tanzmusik. Plötzlich räumte Vater die Sessel und den Tisch zur Seite, ganz aufgekratzt war er und stellte das Radio noch lauter.

„Komm, Mama, jetzt zeigen wir mal den Kindern, wie man Walzer tanzt." Die Mutter wehrte ab. „Ach nein, Fritz. Wir haben schon so lange nicht mehr getanzt."

„Los", sagte der Vater und zog die widerstrebende Mutter aus dem Sessel. „Los, Marianne. Keine Müdigkeit vorschützen." Und dann tanzten sie und der Vater sang laut mit. „Donau, so blau, so blau, so blau ...!" Sie tanzten Tango und Walzer, Cha-Cha-Cha und Foxtrott, so lange bis die Mutter rote Backen bekam.

„Eva, jetzt bist du dran", sagte der Vater, als die Mutter sich schwer atmend in einen Sessel fallen ließ.

„Ich kann doch nicht tanzen", antwortete Eva.

„Dann wird es Zeit, dass du es lernst."

Eva war plötzlich sehr aufgeregt. Sie bewunderte den Vater, der seinen schweren Körper so gewandt und sicher bewegte. Er sah anders aus als sonst. Jünger.

„Euer Vater hat früher einmal den ersten Preis bei einem großen Tanzwettbewerb gewonnen. Das war damals, als wir uns kennengelernt haben."

Eva sah ihren Vater überrascht an. „Wirklich?"

Sie fühlte sich tölpelhaft und ungeschickt, kam aus dem Takt und trat ihrem Vater auf die Füße.

„Nicht so, Eva. Du darfst nicht an deine Beine denken. Achte nur auf den Takt und lass dich führen. Hörst du? Eins, zwei, drei. Eins, zwei drei. Eins, zwei, drei."

Und dann war es wirklich ganz leicht. Eva drehte sich und drehte sich, ließ sich in die Musik und in Vaters Arm fallen und fühlte sich leicht und glücklich. „Du machst das prima, Eva, wirklich! Mama, wir müssen mal mit unserer großen Tochter tanzen gehen."

„Mit meinem Vater habe ich getanzt", sagte Eva und sah Michael wieder an. „Er hat früher mal den ersten Preis bei einem Tanzwettbewerb gewonnen."

„Wirklich?"

„Ja, das war damals, als er meine Mutter kennenlernte."

Michael sah sie zweifelnd an. „Aber in einer Disko tanzt man keinen Walzer."

Eva lachte. „Das weiß ich.“ Sie dachte an die heimlichen Tanzversuche in ihrem Zimmer. So schwer konnte das doch nicht sein.
In der Disko war es sehr voll. Michael zog Eva an der Hand hinter sich her zu einem Tisch in der Ecke. Eva stellte ihre Tasche hin und wollte sich setzen. „Nein“, sagte Michael. „Jetzt sind wir schon mal da, jetzt tanzen wir auch.“
Er musste sehr laut reden, damit sie ihn überhaupt verstand. Die Tanzfläche war voll, aber Michael drängte sich einfach dazu und fing an, sich zu bewegen, erst langsam, dann schneller.
Er kann tanzen, dachte Eva, und ihre Knie wurden weich. Ihr wurde schwindelig. Was hatte der Vater gesagt? „Nicht so, Eva. Du darfst nicht an die Beine denken. Hör auf den Takt und lass dich führen.“ Aber hier gab es niemand, der sie führte. Sie machte es wie Michael. Erst langsam, in den Hüften bewegen, wie war bloß der Takt, dann trat sie von einem Fuß auf den anderen. Wie ein kleines Mädchen, das dringend mal muss, dachte sie und lächelte. Michael lächelte auch. Michael, dachte sie, Michael!
Er nahm ihre Hände und schwang sie unauffällig im Takt hin und her. Und dann war es plötzlich wieder da, dieses Gefühl wie an Neujahr, nur noch viel schöner. Eva lachte und schüttelte ihre Haare, die langen offenen Haare, und tanzte.
Irgendwann zog Michael sie von der Tanzfläche und führte sie zu ihrem Stuhl. „Mensch, Eva“, sagte Michael hingerissen. „Du tanzt wirklich ganz toll. Hätte ich nicht gedacht.“
Papa, dachte sie. Ach, Papa!
Die Bluse klebte an ihrem Körper. Und weil es schon ganz egal war, stand sie wieder auf und zog Michael zur Tanzfläche. „Ich will noch tanzen“, sagte sie. Er nickte und sie tanzten und tanzten ... Als sie auf die Uhr sah, war es schon zehn.

Sie schloss leise die Tür auf. Aus dem Wohnzimmer drang das Geräusch des Fernsehgeräts. Halb elf vorbei. Da ging die Wohnzimmertür auf. Der Vater betrachtete sie von oben bis unten, machte zwei Schritte auf sie zu und holte aus. Eva starrte ihn an. Die Ohrfeige brannte auf ihrer Haut. „Aber Fritz!“, sagte die Mutter. „Warum soll sie nicht mal länger wegbleiben? Sie ist doch schon fünfzehn.“
„Ich will nicht, dass meine Tochter sich rumtreibt.“ „Aber das heißt doch nicht rumtreiben, wenn sie mal bis halb elf wegbleibt. Warum soll sie denn immer nur zu Hause sitzen?“
„So fängt es an“, schrie der Vater. „Schau sie dir doch an, wie sie aussieht!“
Eva ging wortlos in ihr Zimmer und schloss mit einem lauten Knall die Tür hinter sich. Sie ließ sich auf das Bett fallen und weinte. Die Mutter kam herein und setzte sich zu ihr auf den Bettrand. Liebevoll streichelte sie Evas Rücken.

„Kind, er meint das nicht so, wirklich nicht. Er hat sich solche Sorgen gemacht um dich. Sogar bei der Polizei hat er schon angerufen, ob irgendwo ein Unfall gemeldet worden ist.“ Eva schluchzte. Sie weinte laut, hemmungslos, wollte nichts mehr verbergen, der Vater sollte es ruhig hören! „Kind“, sagte die Mutter, „Kind“. Was anderes fiel ihr auch nicht ein! Evas lautes Weinen ging in ein rhythmisches Schluchzen über, langsamer, beruhigender. Sie vergrub sich in das Kopfkissen. Ihr Gesicht brannte und fühlte sich verquollen an. Weinen, weinen, nur noch weinen. Michael! Nichts verstand der Vater, gar nichts. Nie hatte er irgend etwas verstanden.

Eva lernte gerade, als ihr jüngerer Bruder die Zimmertür öffnete. „Telefon“, sagte er, „für dich!“
„Eva?“ fragte der Vater.
„Ja“, sagte Eva.
„Ich bin zu der Telefonzelle an der Ecke gegangen, weil ich mit dir sprechen wollte.“
„Ja“, sagte Eva.
„Ich hatte gestern wirklich Angst, dass dir etwas passiert ist.“
Eva schwieg. Aus der Küche drang das Klappern von Geschirr. „Eva“, sagte der Vater. „Die Ohrfeige gestern, die hätte ich dir nicht geben sollen.“ Eva presste den Hörer fest an ihr Ohr. „Ich hätte ja auch anrufen können“, sagte sie. „Ja, hättest du.“ „Aber das ging nicht. Ich war in einer Diskothek tanzen. Das erste Mal.“ „War es schön?“ „Ja. Sehr.“ „Ich muss zurück ins Büro“, sagte der Vater. „Also, das nächste Mal rufst du an, ja? Bis später.“ „Bis später, Papa.“
Eva ging in die Küche. „Mama, soll ich für dich einkaufen gehen?“
Sie musste über das erstaunte Gesicht der Mutter lachen. Und sie lachte auch noch, als sie den schweren Einkaufskorb nach Hause trug. Sie fühlte sich so leicht, so schwebend. „So schlimm ist er nicht, mein Vater. Das soll ihm erst mal einer nachmachen, extra zur Telefonzelle gehen und anrufen!“

Nach Mirjam Pressler

Arbeitsanweisung:

a) Schreibe eine Inhaltsangabe!
b) Es ist nicht leicht, miteinander richtig umzugehen. Wie oft machen wir Fehler! Sie einzugestehen ist sehr schwer. Schreibe!

Ratschläge für die Bearbeitung

zu Aufgabe a:

Das kannst du tun:		**Das erreichst du damit:**
1. Fasse in der Einleitung den Inhalt des Textes kurz zusammen!	⇒	Diese Zusammenfassung ist bei Inhaltsangaben vorgeschrieben. Der Leser weiß damit über den Zusammenhang des Textes sofort Bescheid.
2. Deute (Erläutere) im Schlussteil den Sinn der Geschichte!	⇒	Durch diese (vorgeschriebene) Deutung des Textes wird dem Leser mitgeteilt, welchen Sinn du in dem Text siehst.

zu Aufgabe b:

Das kannst du tun:		**Das erreichst du damit:**
1. Begründe als Einleitung die Bedeutung des Problems heutzutage!	⇒	Dem Leser wird dadurch die Wichtigkeit des Themas bewusst.
2. Wähle für deinen Hauptteil ein erkennbares Aufbauprinzip!	⇒	Dein Gedankengang wird – trotz der Aufzählung vieler Einzelbeispiele – leicht erkennbar.

Mit diesen Tipps kommen dir bestimmt Gedankenblitze!

Lösungsvorschlag zu Aufgabe a

Inhaltsangabe: Der Anruf

Die Kurzgeschichte „Der Anruf" nach Mirjam Pressler erzählt, wie das junge Mädchen Eva bei ihrem ersten Besuch in einer Diskothek, in das Tanzerlebnis versunken, die Zeit vergisst und zu spät nach Hause kommt. Als sie deshalb von ihrem Vater geohrfeigt wird, geht das sonst gute Vater-Tochter Verhältnis in die Brüche. Durch eine versöhnende Geste, einen Anruf mit dem Eingeständnis seines Fehlverhaltens, gewinnt der Vater das Vertrauen seiner Tochter zurück und bringt alles wieder ins Lot. Als Michael Eva zum Tanzen einlädt, erzählt sie ihm, dass sie bisher nur ein einziges Mal mit ihrem Vater Walzer getanzt hat. Damals, an Neujahr, hat er sich als Tanzprofi zu erkennen gegeben und sie im Walzertakt gedreht. Nach seinem guten Tip, nicht auf die Beine zu achten, sondern nur dem Takt und der Führung des Partners zu folgen, ist aus ihren Anfangsmühen ein tolles, beschwingtes Erfolgserlebnis geworden. Eva nimmt deshalb die Einladung von Michael an, obwohl ihr bewusst ist, dass in der Disko anders getanzt wird.

In der Disko führt Michael die doch etwas bange Eva gleich auf die Tanzfläche. Wieder fallen die anfänglichen Tanzversuche Evas unbeholfen aus, ohne Führung durch einen Partner ahmt sie den tanzenden Michael mehr schlecht als recht nach. Als Michael aber ihre Hände ergreift und diese im Takt bewegt, stellt sich bei Eva wieder das Gefühl des Tanzens ein. Das Tanzen macht ihr soviel Spaß, dass sie gar nicht genug davon bekommen kann. Und als ihr Michael ein riesiges Kompliment macht, denkt sie glücklich und dankbar an Vaters „Lehrstunde". Ins Tanzen versunken, vergisst sie die Zeit, sodass sie verspätet aufbricht und erst nach halb elf heimkommt.

Zu Hause empfängt sie der Vater mit einer Ohrfeige und beschimpft sie auch noch. So plötzlich aus ihrem schönen Erlebnis herausgerissen, fühlt sie sich gedemütigt und unverstanden. Enttäuscht vom Vater, weint sie sich auf ihrem Bett aus, während die Mutter vergeblich Trost spendet und um Verständnis für den Vater wirbt, der aus Sorge sogar bei der Polizei Erkundigungen eingezogen hat. Eva bleibt unversöhnlich.

Als der Vater jedoch am folgenden Tag sogar sein Büro verlässt, um Eva von einer Telefonzelle aus daheim anzurufen und einzugestehen, dass er sich falsch verhalten hat, da gibt auch Eva zu, dass ein Anruf von ihr aus der

Disko Sorgen und Ärger erspart hätte. Das offene Gespräch stellt ihr Vertrauensverhältnis wieder her und endet so einvernehmlich, dass Eva nun auch spontan der Mutter etwas Gutes tun will und für sie einkaufen geht.

Sicher ist die Ohrfeige eine Überreaktion des Vaters gewesen, die aus seiner Sorge entstanden ist, dass Eva etwas passiert sein könnte. Die während der langen Wartezeit aufgestauten Ängste hat der Vater dann in der Ohrfeige entladen, ohne sich in Evas Situation hineinzuversetzen. Erst mit Abstand von der Sache wird er – als begeisterter Tänzer – über den Erlebniswert der ersten Tanzveranstaltung nachgedacht und sich vielleicht an seinen eigenen ersten Tanzabend und das Hochgefühl dabei erinnert haben. Trotzdem wird es ihm nicht leichtgefallen sein, seinen Fehler einzugestehen, und deshalb rechnet ihm Eva sein Verhalten auch hoch an. Das Eingeständnis hat eine reinigende Wirkung und macht ein gutes Gespräch und ein richtiges Miteinander wieder möglich.

Hier kannst du üben:

1. **Übung zur Einleitung**
   Nach der Einleitung wird ein Absatz gemacht und eine Zeile frei gelassen, damit die Einleitung deutlich vom Hauptteil abgehoben ist. Im Beispielaufsatz ist dies nicht geschehen.

   Gib die genaue Textstelle an (Zeile und letztes Wort), mit der die Einleitung endet und hinter der demnach der Absatz gemacht werden muss!

   Die Einleitung endet in Zeile ________ (Letztes Wort: ___________)

2. **Übung zum Schluss**
   Nach dem Hauptteil wird ebenfalls ein Absatz gemacht und eine Zeile frei gelassen, damit der Schlussteil deutlich vom Hauptteil abgehoben ist. Im Beispielaufsatz ist dies nicht geschehen.

   Gib die genaue Textstelle an (Zeile und erstes Wort), mit der der Schluss beginnt und vor der demnach der Absatz gemacht werden muss!

   Der Schlussteil beginnt in Zeile ________ (Erstes Wort: ___________)

Die Lösungen findest du auf Seite 222.

Lösungsvorschlag zu Aufgabe b

Es ist nicht leicht, miteinander umzugehen

Es gibt wohl keinen Menschen, der fehlerlos ist und im Umgang mit anderen immer alles richtig macht. Solches Fehlverhalten findet häufig gerade dort statt, wo wir mit Menschen zusammen sind, die uns besonders nahe stehen: in der Familie, in der Schule und bei Freunden. Wir leisten uns aus Unbedachtsamkeit, Egoismus oder Zorn, Fehlreaktionen, die ungute Stimmung, Ärger und Streit heraufbeschwören. Dabei fällt es dann besonders schwer, die Fehler offen zuzugeben, weil sich niemand gern vor den anderen bloßstellt. In der Familie, wo alle räumlich nahe beieinander sind, wiegen solche Fehler besonders schwer, weil sie das tägliche Zusammenleben vergiften. Aus diesem Bereich einige Beispiele zu nennen, fällt leicht.

Probleme gibt es, weil die ältere und die jüngere Generation verschiedene Bedürfnisse haben.

Nach einem Arbeitstag möchten sich beispielsweise sowohl der Vater als auch die Tochter entspannen. Jeder tut das auf seine Weise. Während der Vater in Ruhe die Zeitung lesen will, möchte die Tochter lautstark Rockmusik hören. Falsch wäre sicher das kommentarlose Abschalten der Rockmusik durch den Vater. Ebenso verkehrt wäre aber auch, wenn die Tochter auf die Bitte, die Rockmusik leiser zu stellen, ihr Gerät erst recht aufdrehte. In diesem Fall hätten beide unbeherrscht gehandelt. Beiden würde es vielleicht schwer fallen, dies zuzugeben. Dabei liegt die Lösung nahe, künftig mittels Kopfhörer zu hören.

Aus diesem Beispiel ist zu ersehen, wie leicht Interessengegensätze Spannung und Fehlverhalten nach sich ziehen können.

Probleme treten auch auf, weil Fähigkeiten und Fertigkeiten unterschiedlich entwickelt sind.

Zwei Geschwister spielen zusammen Schach. Der ältere Bruder beherrscht das Spiel nach Belieben. Der Jüngere ist Anfänger und gerät sofort hoffnungslos in Rückstand. Es ist vorauszusehen, dass beide bald die Lust am Spiel verlieren werden. Der größere Bruder wird sich unterfordert fühlen und schimpfen, während sich bei dem Kleinen Frust aufbaut, der ihn die Figuren vom Brett fegen lässt. Die beiden begehen ihren Fehler, weil sie keine Geduld aufbringen. Würden sie sich darauf einigen, das Brett immer dann zu drehen, wenn sich der Anfänger in eine schwierige Position manövriert hat, dann wäre für beide ein Anreiz da, ihren Fähigkeiten entsprechend, das Spiel sinnvoll fortzusetzen.

Aus diesem Beispiel wird deutlich, dass unterschiedliches Können schnell Fehlreaktionen nach sich zieht, wenn Ungeduld oder Resignation die Oberhand gewinnen.

Zu Fehlern kommt es auch dort, wo Egoismus das Verhalten bestimmt.

Ein Beispiel dafür ist das stundenlang besetzte Bad, in dem sich „einer" nach allen Regeln der Kunst „pflegt", während die anderen draußen Schlange stehen. Oder das Dauertelefonat mit Bekannten, das das Telefon für alle anderen lahmlegt. Doch kaum einer wird eingestehen, dass er egoistisch gehandelt hat oder gar Besserung geloben. Kein Wunder, wenn dann der Rest der Familie sauer ist.

Aus diesen Beispielen wird deutlich, wie das rücksichtslose Verhalten eines Einzelnen die Belange aller anderen betrifft.

Hinzu kommen oft auch noch Mangel an Hilfsbereitschaft, unfreundliche Antworten auf gutgemeinte Fragen und Taktlosigkeiten aus Mangel an Mitgefühl, die zu Fehlern im Umgang mit anderen führen und die wir nur ungern zugeben. Etwas Feinsinn dabei täte uns allen gut. Derjenige, der das im vertrauten Kreis der Familie übt, wird es mit Sicherheit leichter haben auch entsprechend mit Freunden oder Fremden umzugehen.

Hier kannst du üben:

1. Übung zur Einleitung

Kreuze an, welche Aussagen über das Thema in der Einleitung des Beispielaufsatzes vorkommen:

Fehler beim Umgang mit anderen

- macht fast jeder a ☐
- können mit gutem Willen vermieden werden b ☐
- sind unvermeidlich c ☐
- wiegen in der Familie besonders schwer d ☐
- beruhen meistens auf Gegenseitigkeit e ☐
- sind nicht leicht einzugestehen f ☐
- findet man bei Menschen jeden Alters g ☐

2. Übung zum Aufbau des Hauptteils

Der Hauptteil des Beispielaufsatzes besteht aus 3 Teilabschnitten, die alle gleich aufgebaut sind. Beschreibe sie:

Zu Beginn des Abschnitts stehen: ______________________________

Im Mittelteil des Abschnitts stehen: ______________________________

Zu Ende des Abschnitts stehen: ______________________________

Nenne die Ursachen für Umgangsprobleme, die in den Anfangssätzen der 3 Teilabschnitte genannt sind:

1. Teilabschnitt: ______________________________

2. Teilabschnitt: ______________________________

3. Teilabschnitt: ______________________________

Nenne die Formulierung, mit der jeder der Schlussfolgerungssätze am Ende der 3 Teilabschnitte begonnen wird:

____

Die Lösungen findest du auf Seite 222.

Thema: Der Russe

Wenn er jetzt zu den Jungen da drüben hinlaufen könnte, so ganz einfach hingehen und sagen, hört mal her, ich bin der Karl, ich habe in Uralsk auch Fußball gespielt, sogar in der Schulmannschaft. Wenn ihr einen im Tor braucht oder in der Verteidigung, ich würde gern ... Hinlaufen könnte er schon, der Karl, das wäre kein Problem, aber mit dieser Sprache, ja, da hapert es. Anlauf hatte er schon so oft genommen, auch gestern, als er hier stand und den Jungen zugesehen hatte, so wie heute. Aber zum ersten Schritt fehlte ihm einfach der Mut, weil er kaum Deutsch konnte.

Drüben lärmen die Jungen. Ihr Geschrei nimmt zu, wenn sich der Ball einem der Tore nähert, ebbt etwas ab, wenn die kritische Situation vorbei ist.

Jetzt ist es ganz ruhig. Karl sieht, wie der Ball in hohem Bogen über die Baubuden fliegt, dann auf einen Bagger fällt und dadurch in eine andere Richtung gelenkt wird. In immer kleiner werdenden Sprüngen kommt er auf Karl zu, bleibt schließlich einige Meter vor ihm liegen. Vielleicht würde einer der Jungen schon nach dem Ball rennen, aber alle sehen auf Karl und erwarten von ihm, dass er nun den Ball zurückschießt. Bisher hatten sie den Abseitsstehenden kaum beachtet, vielleicht nicht einmal gesehen. Karl zögert einen Augenblick. „Los, schieß schon, na, schieß ihn rüber!“, ruft der Rothaarige, der hier das Kommando führt, wie in Uralsk der Igor. Karl versteht ihn nicht, aber aus der Situation heraus weiß er, was der Rothaarige meint. Ja, er wird es denen zeigen, wie gut er schießen kann, sie werden staunen. Weg sind seine grüblerischen Gedanken, weg ist auch das Heimweh, alles verändert sich schlagartig. Igor müsste ihn jetzt sehen, seine Eltern, ja er, der Karl wird ...

Da schreit schon wieder der Rothaarige: „Na, schieß doch endlich, los, mach schon, du Russe!“

Karl hatte den Ball fast mit seinen Händen berührt, aber das Wort „Russe“ reißt ihn wieder zurück, alles andere hatte er nicht verstanden, nur dieses Wort.

Wenn er eben noch voll Glück und Freude war, dann ist er jetzt voller Enttäuschung, nein, Zorn verspürt er nicht, nur eine grenzenlose Traurigkeit. Nein, Karl, du hast dir etwas vorgemacht, für die bist du ein Fremder, ein Russe.

Nun beginnen sie alle zu schreien, weil Karl den Ball mit einem mächtigen Schuss quer über den Platz bis auf die Straße jagt. Er hat ihn nicht mit dem Spann genommen, sondern absichtlich mit der Schuhspitze. Nun müssen sie noch viel weiter laufen als vorher. Ihr Geschrei hat Karl nicht ängstlich gemacht, nein, er läuft nicht aus Angst vor einer Tracht Prügel weg, nein, er rennt vor sich selbst, vor seiner Enttäuschung weg.

Als Karl über einen Erdhaufen springt, entdecken ihn die Jungen. Ganz kurz, aber nur einen Moment denkt er an Flucht, denn ganz bestimmt wollen sie sich an ihm rächen.

Scheinbar ruhig geht er zwischen den Baubuden weiter. Die Jungen stehen dicht gedrängt mitten auf dem Weg. Karl hat keine Angst, aber er weiß, er hat keine Chance, er ist allein.

Karl bleibt vor ihnen stehen, ballt seine Fäuste. Wenn der Rothaarige ein richtiger Kerl ist, macht er die Sache allein. Karl nimmt alle seine Sprachkenntnisse zusammen und seine Stimme klingt heiser: „Was wollen?“

Es klingt schrecklich abgehackt. Die Jungen sagen nichts, sie stehen nur da, begucken ihn, wie man eben jemanden anschaut, der geprüft werden soll.

Karl erwartet den Angriff, doch der Rothaarige grinst ihn nur an. „Mensch, mach keinen Quatsch, wir wollen dir nichts tun, ganz im Gegenteil, wir wollen etwas von dir, du Russe.“

Karl versteht nur, sie wollen etwas von ihm, aber da ist auch wieder dieses Wort „Russe“. Aber seltsam, jetzt klingt es ganz anders. „Wir wollen mit dir reden, hörst du.“ Ein anderer Junge sagt es, spricht dabei ganz langsam. Jetzt stehen sie alle zusammen, so, als ob sie schon immer Freunde gewesen wären. Sie erklären Karl mühsam, aber ausdauernd, dass sie so einen wie ihn brauchen, und wenn er schon in dem neuen Haus in ihrer Straße wohne, dann gehöre er schließlich zu ihnen. Sie brauchten einen, der so gut schießen könne wie er. Karl holpert mit seinen Sprachbrocken herum; besonders wenn er aufgeregt ist, klappt es noch schlechter. Sie lachen ab und zu, aber Karl spürt, sie wollen ihn nicht auslachen. „Du, Russe, wie heißt du eigentlich? Ich bin der Rote, na ja, eigentlich heiße ich Robert, aber sie rufen mich eben so.“ Karl sagt seinen Namen, aber die anderen sind schon unterwegs. Es geht sofort los, sie spielen, brüllen, rennen, fallen hin, und Karl gehört dazu.

Am Abend zerreißt er den angefangenen Brief an seinen alten Freund Igor. Darin hatte er geschrieben, hier sei alles fremd und kalt, Freunde habe er nicht und am liebsten würde er heimkommen. Die Stadt, die Straße, alles sieht plötzlich anders aus. Karl kommt es so vor, als habe er einen Riesenschritt vorwärts gemacht. Seine Mutter übersieht die etwas verdreckte Hose, die kann man waschen. Sie sieht nur ihren Jungen, der glücklich ist und ihr damit selbst Hoffnung macht, dass alles gut wird.

Nach Herbert Berger

Arbeitsanweisung:

a) Schreibe eine Inhaltsangabe!

b) Karls Mutter hofft, dass alles gut wird. Schreibe darüber, was deiner Meinung nach dazu gehört, um sich in der neuen Umgebung daheim zu fühlen!

Ratschläge für die Bearbeitung

zu Aufgabe a:

Das kannst du tun:		**Das erreichst du damit:**
1. Fasse als Einleitung den Inhalt der Geschichte in kurzer Form zusammen!	⇒	Die Zusammenfassung gibt dem Leser die notwendige sachliche Vorinformation zum Text.
2. Kürze die ausführlichen Beschreibungen im Text durch treffende kurze Formulierungen!	⇒	Deine Inhaltsangabe erhält so die geforderte sachliche Schreibweise.
3. Schreibe im Schlussteil, was der Text deiner Meinung nach aussagt (= kurze Interpretation)!	⇒	Deine Stellungnahme zeigt, dass du auch den Sinn eines Textes ausdrücken kannst.

zu Aufgabe b:

Das kannst du tun:		**Das erreichst du damit:**
1. In der Einleitung kannst du begründen, dass Karls Problem kein Einzelproblem ist.	⇒	Dem Leser wird dadurch die Wichtigkeit des Themas bewusst.
2. Beginne jeden Abschnitt des Hauptteils mit einem Argument und erläutere es durch Beispiele!	⇒	Dieser Aufbau macht es möglich, deinem Gedankengang leicht zu folgen.
3. Hebe im Schluss hervor, was dir besonders wichtig ist!	⇒	Du rundest damit den Eindruck deiner Argumente ab!

Lösungsvorschlag zu Aufgabe a

Inhaltsangabe: Der Russe

Die Kurzgeschichte „Der Russe" nach Herbert Berger erzählt von den Schwierigkeiten, die ein aus Russland stammender Aussiedlerjunge hat, in dem für ihn fremden Land „heimisch" zu werden. Dass es ihm dann doch gelingt, seine Isolation zu durchbrechen, geht auf die folgende Begebenheit zurück.

Karl, der Aussiedlerjunge aus Uralsk, schaut sehnsüchtig einer Gruppe Fußball spielender Jungen zu. Gerne würde er, der selber gut spielt, mittun. Seiner mangelnden Deutschkenntnisse wegen traut er sich aber nicht, mit der Gruppe Kontakt aufzunehmen. Da kommt ihm der Zufall zu Hilfe. Als ein abprallender Ball seine Flugbahn ändert und bis kurz vor Karls Füße rollt, ermuntern ihn die Jungen, den Ball zurückzuschießen. Dabei tut sich besonders ihr rothaariger Anführer hervor. Im Vorgefühl einer gut platzierten Rückgabe, vergisst Karl seine Rolle im Abseits. Aber als er sich selbstbewusst – sein Können beweisend – den Ball für diesen Schuss zurechtlegen will, holt ihn eine Aufforderung des Rothaarigen in die Realität zurück. Diese endet nämlich mit einem für Karl abwertend klingenden „du Russe", was ihn wieder als Fremden abstempelt.

Aus Enttäuschung und Zorn kommt es zu einer Trotzreaktion: Karl schießt den Ball absichtlich so gekonnt über die Köpfe der Jungen hinweg, dass diese um so mehr laufen müssen. Als er frustriert wegläuft, wird er von den Jungen gestellt. Statt der von Karl erwarteten Prügel kommt es aber zu einem Gespräch. Diesmal hat das „du Russe" des Rothaarigen einen freundschaftlichen Klang und trotz Verständigungsschwierigkeiten wird Karl klar, dass er als guter Schütze in ihre Mannschaft aufgenommen wird. Nach kurzer Vorstellung geht das Fußballspiel unverzüglich weiter – diesmal mit Karl als Mitspieler.

Am Abend kommt ein schmutziger aber glücklicher Karl heim, der einen ersten hoffnungsvollen Anfang gemacht hat, um in der Fremde Fuß zu fassen, und der diese Hoffnung auch auf seine Mutter überträgt.

Hier kannst du üben:

1. Übung zur Einleitung

Gib an, welche Einzelheiten in dem Beispielaufsatz in der einleitenden Zusammenfassung verwendet wurden:

Art der Geschichte: ______________________

Titel der Geschichte: ______________________

Verfasser der Geschichte: ______________________

Hauptperson (Name, Herkunft): ______________________

Problem dieser Person: ______________________

Ende der Geschichte: ______________________

2. Übung zur sachlich-kurzen Formulierung

Lies im ausführlichen Originaltext den Abschnitt von Zeile 1–8	Vergleiche dazu die Zeile 6 der Inhaltsangabe des Beispielaufsatzes! Nenne den Ausdruck, mit dem Karls Gefühl in kurzer und präziser Weise beschrieben wird! ______________________
Lies im ausführlichen Originaltext den Abschnitt von Zeile 12–15	Vergleiche dazu die Zeile 9 der Inhaltsangabe des Beispielaufsatzes! Nenne den Ausdruck, mit dem die Umstände bezeichnet wurden, unter denen der Ball zu ihm kommt! ______________________
Lies im ausführlichen Originaltext den Abschnitt von Zeile 64–68	Vergleiche dazu die Zeile 24/25 der Inhaltsangabe des Beispielaufsatzes! Nenne den Ausdruck, mit dem der Vorgang in kurzer und präziser Weise beschrieben wird! ______________________

3. Übung zur Interpretation im Schlussteil

Entscheide durch Ankreuzen, welchen Sinn der Verfasser in der Geschichte sieht!

Die Geschichte soll nach Meinung des Verfassers zeigen,

- wie Jungen sich kennenlernen a ☐
- dass es hilfreich ist, ein guter Fußballer zu sein b ☐
- dass der Zufall einem manchmal zu Hilfe kommt c ☐
- wie ein erster Anfang zum Heimischwerden in der Fremde erfolgte, der der ganzen Familie Hoffnung gibt d ☐

Die Lösungen findest du auf Seite 222.

Lösungsvorschlag zu Aufgabe b

Was dazu gehört, um sich in der neuen Umgebung wohl zu fühlen

Kriege, politische Wirren, Diskriminierungen, mangelnde Arbeitsmöglichkeiten und ökologische Probleme haben bewirkt, dass es immer mehr Menschen so geht wie Karl: Sie müssen ihre angestammte Heimat verlassen, um in der Fremde eine neue Heimat zu finden. Sie stehen vor den gleichen Schwierigkeiten wie Karl, der mit seinem Anschluss an die Fußballgruppe erst einen kleinen Schritt getan hat. Um sich in der neuen Umgebung daheim zu fühlen, wird es noch ein mühsamer Weg sein, den er durchlaufen muss.

Ein entscheidender Schritt, um in der neuen Heimat Fuß zu fassen, ist das Beherrschen der Sprache.

Der Grund für Karls Hemmungen, sich der Fußball spielenden Gruppe zuzugesellen, lässt sich mit seinen mangelnden Deutschkenntnissen begründen: „Hinlaufen könnte er schon ... aber mit dieser Sprache hapert es ..., weil er kaum Deutsch konnte“. Seine Verständigungsschwierigkeiten bringen es auch mit sich, dass er besonders empfindsam auf Reizworte wie „du Russe“ reagiert. Aus dem Sprachzusammenhang gerissen, werden sie von Karl missdeutet. Erst wenn Karl sprachlich so zurechtkommt, dass er sich unterhalten kann, wird er wirklich Zugang zu den Menschen gewinnen und diese zu ihm. Missverständnisse können ausgeräumt und Kontakte vertieft werden, auch über das Spiel hinaus.

Um sich daheim zu fühlen, bedarf es unbedingt sozialer Sicherheit.

Dazu ist nötig, dass Vater (bzw. Mutter) Arbeit haben, die ihren Vorstellungen entspricht und die der Familie anständige Wohnverhältnisse sichert. In der Schule sollte sich Karl von Lehrern und Mitschülern angenommen fühlen. Außerdem muss er mit dem Lernstoff zurande kommen.

Auch soziale Bindungen sind eine weitere Voraussetzung, um heimisch zu werden.

Dazu gehören gute nachbarliche Beziehungen ebenso wie persönliche Freundschaften, denn überall dort, wo ich Freunde finde, wächst mir in der Fremde ein Stück Heimat zu. Gelegenheit, Freunde zu finden, bietet sich in der Schule, in einem Verein oder auch auf dem Spielplatz wie bei Karl. In dem Augenblick, als Karl sich der Gruppe der Fußball spielenden Jungen zugehörig fühlt, sieht er seine neue Umgebung viel positiver. Sicher wird es noch eine Weile dauern, bis aus der bloßen Zugehörigkeit die eine oder andere echte Freundschaft entsteht. Aber bereits jetzt fühlt er sich nicht mehr als Fremder. Sein Brief, den er an seinen Freund Igor schicken wollte und in dem er klagt, hier sei alles fremd und kalt, Freunde habe er nicht, wird hinfällig. Mit Freunden wird Karl nicht mehr einsam sein, mit ihnen kann er Schularbeiten machen, Sport treiben, bummeln gehen, Feste feiern oder Sorgen teilen, Hilfe leisten oder sich helfen lassen. Durch den Umgang mit echten Freunden findet Karl den Lebenskreis, der ihm Verlässlichkeit, Vertrautheit und Geborgenheit zuteil werden lässt, der ihm das Gefühl gibt, daheim zu sein.

All das geht aber nicht ohne gegenseitige Aufgeschlossenheit und Toleranz. Aber auch auf das Durchhaltevermögen und die Anpassungsfähigkeit von Karl und seiner Familie kommt es dabei an.

Hier kannst du üben:

1. Übung zur Einleitung

Zur Begründung der allgemeinen Bedeutung des Themas sind verschiedene Argumente möglich. Kreuze an, welche davon im Beispielaufsatz vorkommen.

politische Unterdrückung	a ☐		Mangel an Arbeit	f ☐	
bessere Verdienstmöglichkeiten	b ☐		Kriegsumstände	g ☐	
angenehmere Lebensumstände	c ☐		Umweltprobleme	h ☐	
Heirat	d ☐		Abenteuerlust	i ☐	
religiöse Unterdrückung	e ☐		Vertreibung	k ☐	

2. Übung zu Gliederung und Aufbau des Hauptteils

Als einleitende Argumente für jeden Abschnitt des Hauptteils wurden 3 Schlagwörter benutzt: Sprache – soziale Sicherheit – soziale Bindungen

Kreuze in der richtigen Spalte an, in welchem Zusammenhang der betreffende Unterbegriff zur Erläuterung verwendet wurde!

	Sprache	soziale Sicherheit	soziale Bindungen
Kontakt			
Schule			
Hemmung			
Spielplatz			
Missverständnis			
Freundschaft			
Verständigung			
Nachbarschaft			
Arbeit			
Verein			
Wohnung			

3. Übung zum Schlussteil

Schreibe die 4 Begriffe auf, mit denen der Verfasser im Beispielaufsatz hervorhebt, worauf es seiner Meinung nach ankommt!

____

Die Lösungen findest du auf Seite 223.

Thema: Mädchensache, Jungensache

Ute und Detlef stöbern auf dem Speicher herum. Es macht riesigen Spaß, in den staubigen Kartons und Kisten mit alten Spielsachen, abgelegten Kleidern und Krimskrams herumzuwühlen. Detlef hat einen alten Kasten mit vergilbten Fotos gefunden. „Diese Bilder sind zum Schieflachen. Komm mal her ...“, ruft er.

Aber Ute hat in einer bemalten wurmstichigen Truhe ein altes, schwarzes Kleid aufgespürt. „Toll!“, murmelt sie und zieht es sich über den Kopf, „stinkt nur etwas miefig nach Mottenpulver!“ Ein Paar blaue, hochhackige Schuhe liegen auch noch in der Truhe, zwar etwas zu groß, aber Ute rutscht schnell hinein. Auf wackeligen Beinen balanciert sie ein paar Schritte. „Na, wie sehe ich aus?“, fragt sie. Detlef muss lachen: „Wie deine eigene Großmutter!“ Ute stolziert in dem Kleid umher. Aber es ist viel zu lang und zu weit, sie verheddert sich, knickt um und fällt zwischen die Kisten. „Haha!“, brüllt Detlef und wirft ein altes Kissen hinterher. Es staubt mächtig. Hustend taucht sie zwischen den Kisten auf und hält etwas in der Hand. „Guck mal, was ich hier habe. Deine alte Puppe. Weißt du noch?“ „Na klar!“, sagt Detlef ...

... Das war kurz vor Detlefs fünftem Geburtstag ... Ute sagte damals: „Du kannst dir endlich mal selbst eine Puppe wünschen, meine kriegst du nicht mehr!“ Detlef war einverstanden, denn immer gab es Streit, wenn er mit Utes Puppe spielte. Zu dieser Zeit war aber auch Onkel Karl aus München zu Besuch. Und der fragte natürlich auch: „Na, Detlef, was gibt’s denn dieses Jahr zum Geburtstag: einen neuen Fußball oder eine Eisenbahn?“

„Ich wünsch mir ’ne Puppe!“ sagte Detlef.
„Was?“ Der Onkel sperrte die Augen auf: „Eine Puppe ...?“ Aber dann lachte er. „Das ist doch was für Mädchen, Junge. Ute spielt mit Puppen!“
„Wieso? Ute spielt doch auch mit meinem Fußball. Und mein Rennauto hat sie auch immer!“ Detlef wurde böse.
Der Onkel schüttelte den Kopf. „Und du willst ein richtiger Junge sein?“, fragte er, „was soll denn später aus dir werden?“ „Autos will ich reparieren!“, sagte Detlef.
„Hahaha!“ Der Onkel musste lachen. „Spielt mit Puppen und will Automechaniker werden, hahaha!“
Da lief Detlef aus dem Zimmer, er heulte und erzählte damals alles Ute ...

Detlef nimmt die Puppe in die Hand. „Und du willst ein richtiger Junge sein?“, macht er mit tiefer Stimme den Onkel Karl nach.

Ute verschluckt sich vor Lachen. „Hilf mir lieber aus den Klamotten raus!“ Als Kleid und Schuhe wieder in der Truhe sind, hat Ute was Neues entdeckt.

„Guck mal, da hinten hängt eine richtige Petroleumlampe!“ „Wo?“

„Dahinten!“ Ute zeigt ins Halbdunkel.

„Mensch, die muss ich sehen!“ Er saust durch das Gerümpel. Die Lampe hängt an einem Balken. Detlef stellt sich auf die Zehenspitzen und angelt sie.

„Vielleicht ist sogar noch Petroleum drin?“, meint Ute. „Mal nachgucken!“ Er dreht den Verschluss auf und hält die Lampe schief. Dabei läuft tatsächlich etwas Petroleum aus und kleckert auf Detlefs Hose. „So ein Dreck!“ schimpft er. Ute muss lachen.

„Das ist der Beweis!“, redet sie wie ein Werbesprecher im Fernsehen, „Schöne stinkige Flecken!“

„Ich finde das gar nicht so lustig!“, meckert Detlef, „erst den Vorschlag machen und sich jetzt kranklachen! Du weißt genau – das gibt Ärger mit Mutti!“ „Nicht so schlimm, die Flecken mach ich dir raus, Mutti merkt davon gar nichts!“ „Das ist wohl Mädchensache, was?“ Beide müssen lachen.

Ute wird nachdenklich. „Klar, wenn du mal überlegst, ist doch auch heute noch eine ganze Menge Jungen- oder Mädchensache.“

„Sei mal still“, Ute horcht einen Moment. „Ich glaube, Mutti hat gerufen!“ Sie läuft zur Bodentür.

„Ute, kannst du mir mal helfen, die Gardinen abzunehmen? Und Detlef soll mit Vati das Auto waschen!“ Detlef muss grinsen. „Siehst du, es geht schon wieder los!“

Edgar Wüpper

Arbeitsanweisung:

a) Schreibe eine Inhaltsangabe!

b) Ute meint: „Klar, wenn du mal genau überlegst, ist doch auch heute noch eine ganze Menge Jungen- oder Mädchensache.“
Schreibe deine Meinung und begründe sie anhand von Beispielen!

Ratschläge für die Bearbeitung

zu Aufgabe a:

Das kannst du tun:		Das erreichst du damit:
1. Lies die Geschichte mehrere Male!	⇒	So kannst du ihren Inhalt genau erfassen.
Gliedere den Text in Sinnabschnitte!	⇒	Dadurch wird der Text überschaubar.
2. Suche in jedem Sinnabschnitt wichtige Stichwörter!	⇒	Die Stichwörter helfen dir, nur das Hauptgeschehen wiederzugeben.
3. Frage in der Einleitung nach Wer? Was? Wo? Wann?	⇒	Durch die Beantwortung der Fragen gibst du eine Vorschau auf die Geschichte.

zu Aufgabe b:

Das kannst du tun:		Das erreichst du damit:
1. Schreibe eine Einleitung, die zur Erörterung hinführt!	⇒	Der Leser erfährt deinen Bezug zum Thema.
2. Führe im Hauptteil deines Aufsatzes drei Beispiele an, die du für besonders überzeugend hältst!	⇒	Es wird deutlich, dass es durchaus unterschiedliche Aussagen und Meinungen zum Thema geben kann.
3. Stelle am Ende deine persönliche Meinung zum vorgegebenen Thema deutlich heraus!	⇒	Du zeigst, dass du zu einer eigenen Meinung fähig bist.

Lösungsvorschlag zu Aufgabe a

Inhaltsangabe: Mädchensache, Jungensache

Die Geschichte „Mädchensache, Jungensache" von Edgar Wüpper erzählt von Ute und Detlef, die mit Freude auf dem Speicher stöbern. In verstaubten Kisten und Kasten finden sie allerlei und kommen dadurch auf die geschlechtsabhängige Rollenverteilung in der Gesellschaft zu sprechen.

Detlef erfreut sich zunächst an vergilbten Fotos und Ute spürt ein altes, schwarzes Kleid auf, das sie ebenso anzieht wie die hochhackigen Schuhe. Sie stolziert auf dem Speicher herum und fällt dabei zwischen zwei Kisten. Dort entdeckt sie eine Puppe.

Die Puppe löst in den Kindern Erinnerungen aus. Sie denken an Detlefs 5. Geburtstag, als dieser sich von seinem Onkel eine Puppe wünschte. Der Onkel war über den Wunsch sehr überrascht, weil er glaubte, eine Puppe sei doch Mädchensache. Er wollte ihm lieber einen Fußball oder eine Eisenbahn schenken. Das Verhalten des Onkels kränkte Detlef damals sehr. Er weinte.

Nach der kurzen Rückbesinnung zieht Ute das alte Kleid und die Stöckelschuhe aus. Plötzlich sieht sie eine Petroleumlampe, die Detlef genauer untersucht. Dabei bekleckert er seine Hose. Ute verspricht ihm, den Fleck zu entfernen. Im Spaß bezeichnet Detlef Utes Vorhaben als Mädchensache.

Am Ende der Geschichte denken die Kinder über die Rollenverteilung von Jungen- und Mädchensache nach.

Ihr Stöbern auf dem Speicher wird durch Mutters Rufen beendet. Sie fordert Ute auf, beim Abnehmen der Gardinen zu helfen und Detlef beim Waschen des Autos – wieder jeweils eine typische Mädchen- und eine typische Jungenaufgabe.

Hier kannst du üben:

1. Übung zur Gliederung des Originaltextes

1. Sinnabschnitt bis Zeile ____ : ____________________
2. Sinnabschnitt bis Zeile ____ : ____________________
3. Sinnabschnitt bis Zeile ____ : ____________________
4. Sinnabschnitt bis Zeile ____ : ____________________

Ziehe nach jedem Sinnabschnitt einen Querstrich!
Suche zu jedem Sinnabschnitt eine passende Überschrift!

2. Übung zu den Stichwörtern

1. Sinnabschnitt:
   Stichwörter: ____________________
2. Sinnabschnitt:
   Stichwörter: ____________________
3. Sinnabschnitt:
   Stichwörter: ____________________
4. Sinnabschnitt:
   Stichwörter: ____________________

Schreibe zu jedem Sinnabschnitt Stichwörter auf!

3. Übung zur Einleitung

Wer sind die handelnden Personen?
Was machen diese?
Wo befinden sich die Personen?

Beantworte die Fragen!

Die Lösungen findest du auf Seite 223/224.

Lösungsvorschlag zu Aufgabe b

Überlegungen zum Rollenverständnis: Mädchensache – Jungensache

Neulich behandelten wir dieses Thema in unserem Deutschunterricht in der 9. Klasse. Wir setzten uns im Kreis zusammen und diskutierten darüber. Dabei zeigte es sich, dass die Unterscheidung nach Mädchen- und Jungensache nach wie vor sehr aktuell ist. Obwohl sich in den letzten Jahren einige Einstellungen verändert haben, so zeigen sich dennoch immer noch recht eigenwillige und eigenartige Vorstellungen, die das bisherige Rollenverständnis verfestigen.

Man unterscheidet offenbar nach Tätigkeiten, die innerhalb und außerhalb des Haushaltes, sprich der Wohnung, verrichtet werden und somit einem strengen Rollenverhalten unterliegen. Ganz offensichtlich kommt kein Junge auf die Idee, die im Haushalt anfallende Arbeit des Bügelns freiwillig zu übernehmen.

Bügeln ist nach traditioneller Weise eine Tätigkeit, die in erster Linie von der Mutter ausgeführt wird, da sie für die sauber aussehende Kleidung sorgt. Im Allgemeinen hilft sie bei der Auswahl der passenden Kleidung, die tagtäglich zu tragen ist. Bügeln erfordert eben Geduld und Genauigkeit. Diese Vorzüge scheinen am ehesten zur Frauenrolle innerhalb des Haushaltes zu gehören.

Während das Waschen auch meist Sache der Mutter zu sein scheint, ist das Waschen außerhalb der vier Wände ganz offensichtlich Männersache: z. B. das Autowaschen. Man hat ohnehin den Eindruck, alles, was rund um das Auto geschieht, ist reine Sache des Mannes. Die technischen Kenntnisse, die die Beschäftigung mit dem Auto erfordern, liegen anscheinend eher im Interesse des Mannes als der Frau. So kommt es, dass der Mann sich um das Auto kümmert, indem er es unter anderem auch wäscht und poliert, dass das Auto also gewissermaßen „seine Sache" ist.

Eine andere Tätigkeit scheint nicht unbedingt einer eindeutigen Rollenverhaltensvorstellung zu unterliegen: das Kochen. Einerseits nimmt man an, die Frau bzw. die Mutter sei für das Kochen zuständig. In vielen Familien jedoch „regiert" der Mann in der Küche, indem er feine und feinste Speisen zubereitet. Man hört häufig sogar die Aufforderung, dass die Frau die Küche nicht betreten solle, wenn der Mann das Essen zubereitet.

Kennzeichen unserer heutigen Zeit ist es, dass es immer mehr Ein-Personen-Haushalte gibt, in denen die Aufgaben von ein und derselben Person ausgeführt werden und von daher gar nicht dem unterschiedlichen Rollenverhalten unterliegen können.

Hier kannst du üben:

1. Übung zur Einleitung

Um die Erörterung zu eröffnen, gibt es mehrere Möglichkeiten:

- Du machst eine allgemeine Aussage zum Thema a ☐
- Du erhebst eine Forderung bezüglich des Themas b ☐
- Du wählst eine tatsächliche Situation als Ausgangspunkt aus c ☐

Kreuze an, wie der Beispielaufsatz eingeleitet ist!

2. Übung zum Hauptteil

Schreibe auf, welche Beispiele für den Hauptteil des Beispielaufsatzes gewählt wurden!

1. Beispiel: ______________________________

2. Beispiel: ______________________________

3. Beispiel: ______________________________

3. Übung zum Schluss

Als Schluss könntest du etwas schreiben

- über die Richtigkeit der Rollenverteilung a ☐
- über die teilweise Richtigkeit der Rollenverteilung b ☐
- über die Fragwürdigkeit der Rollenverteilung c ☐

Kreuze an, welche Auffassung der Verfasser des Beispielaufsatzes vertritt!

Die Lösungen findest du auf Seite 224.

Thema: Ein Montagmorgen im Bus

Es waren drei kleine Wörter, die ein Wunder bewirkten.

Als ich in den Bus stieg, schien die Sonne. Bei einem Blick aus dem Fenster des 151ers zeigte sich freilich der Chicagoer Winter von seiner schmutzigsten Seite – kahle Bäume, Schneematsch, die Autos voller Streusalzsplitter. Der Bus fuhr mehrere Kilometer am Lincolnpark entlang, aber niemand schaute hinaus. Wir, die Fahrgäste, saßen in dicken Mänteln dicht nebeneinander und dösten zum eintönigen Rattern des Motors in der stickigen, überheizten Luft.

Kein Mensch sprach. Das gehörte zu den ungeschriebenen Regeln des Chicagoer Berufsverkehrs. Zwar begegneten uns jeden Tag dieselben Gesichter, aber wir versteckten uns lieber hinter unseren Zeitungen. Konnte etwas symbolträchtiger sein? Menschen, die nebeneinandersaßen, hielten mit dünnen Bogen Papier Distanz. Als sich der Bus den Wolkenkratzerpalästen des Michiganboulevards näherte, ertönte plötzlich eine laute Stimme: „Achtung! Achtung!" Zeitungen raschelten. Hälse reckten sich.

„Hier spricht der Fahrer."

Stille. Alles starrte dem Fahrer auf den Hinterkopf. In seiner Stimme lag Autorität.

„Legen Sie alle die Zeitungen weg."

Langsam, zentimeterweise sanken die Blätter. Der Fahrer wartete. Wir falteten die Zeitungen zusammen und legten sie auf den Schoß. „Nun drehen Sie alle den Kopf zur Seite, und sehen Sie Ihrem Sitznachbarn ins Gesicht. Na los, auf geht's!" Erstaunlicherweise gehorchten wir. Noch lächelte niemand. In gedankenlosem Gehorsam folgten wir wie eine Herde. Neben mir saß eine ältere Frau mit einem roten, fest um den Kopf geschlungenen Schal. Ich sah sie fast täglich. Wir blickten uns in die Augen und warteten unbewegt auf die nächste Anordnung. „Jetzt sprechen Sie mir nach ..." Es war ein Befehl, erteilt im Ton eines militärischen Ausbilders: „Guten Morgen, Nachbar!" Die Stimmen klangen schwach und ängstlich. Bei vielen von uns waren es die ersten Worte, die uns an dem Tag über die Lippen kamen. Doch wir sagten sie wie Schulkinder im Chor zu dem fremden Menschen neben uns.

Wir lächelten uns an. Wir konnten nicht anders. Da war zum einen das Gefühl der Erleichterung, dass wir nicht entführt oder ausgeraubt wurden, zum anderen aber auch das leise Empfinden, dass sich hier eine lange unterdrückte allgemeine Höflichkeit Bahn brach. Wir hatten es gesagt; das Eis war gebrochen. Guten Morgen, Nachbar. Eigentlich war es gar nicht so schwer. Andere gaben sich die Hand. Viele lachten. Der Busfahrer sagte nichts mehr. Es war auch gar nicht nötig. Keine einzige Zeitung wurde wieder hochgenommen. Alle unterhielten sich angeregt. Erst hatten wir den Kopf über den verrückten Kerl von Fahrer geschüttelt, aber nun waren wir alle froh über seinen Einfall.

Immer wieder gab es Gelächter, warme sprudelnde Laute, wie ich sie nie zuvor in einem Linienbus gehört hatte. Als wir meine Haltestelle erreichten, sagte ich meiner Nachbarin auf Wiedersehen und sprang vom Trittbrett, um einer Pfütze auszuweichen. An derselben Haltestelle hatten vier weitere Busse angehalten, denen Fahrgäste entstiegen. Die Weiterfahrenden saßen regungslos und stumm da wie Ölgötzen. Anders die Leute in meinem Bus. Als er losfuhr, brachten ihre lebhaften Mienen mich zum Lachen. Der Tag hatte besser angefangen als alle Tage sonst.

Ich blickte dem Fahrer nach. Er sah konzentriert in den Rückspiegel, um eine Lücke im Verkehr zu erspähen. Es schien ihm gar nicht bewusst zu sein, welch ein Montagmorgenwunder er da eben vollbracht hatte.

Pattie Wigand

Arbeitsanweisung:

a) Schreibe eine Inhaltsangabe!

b) „Ein gutes Wort zur rechten Zeit“ kann Wunder vollbringen. Schreibe dazu aus deiner Erfahrung!

Ratschläge für die Bearbeitung

zu Aufgabe a:

Das kannst du tun:		**Das erreichst du damit:**
1. Fasse als Einleitung den Inhalt der Geschichte in kurzer Form zusammen!	⇒	Dadurch erhält der Leser die notwendige Vorinformation zu dem Text.
2. Teile deine eigentliche Inhaltsangabe in Teilabschnitte ein!	⇒	Deine Inhaltsangabe wird durch diese Gliederung übersichtlicher.
3. Schreibe im Schlussteil, was deiner Meinung nach der Sinn dieser Geschichte ist! (= kurze Interpretation)	⇒	Deine Stellungnahme zeigt, dass du auch den Sinn eines Textes ausdrücken kannst.

zu Aufgabe b:

Das kannst du tun:		**Das erreichst du damit:**
1. Gib deiner Einleitung einen Interesse weckenden „Aufhänger“!	⇒	Du weckst damit die Aufmerksamkeit des Lesers.
2. Verdeutliche in deiner Geschichte, worin das „gute Wort“ und worin das „Wunder“ besteht!	⇒	Du sicherst damit, dass deine Geschichte das gestellte Thema erfüllt.
3. Ziehe im Schluss eine Konsequenz aus deiner Geschichte!	⇒	Du zeigst damit, dass du nicht nur erzählen, sondern das Erzählte auch auf dich beziehen und ihm damit einen Sinn geben kannst.

Lösungsvorschlag zu Aufgabe a

Inhaltsangabe: Ein Montagmorgen im Bus

Die Kurzgeschichte „Ein Montagmorgen im Bus“ von Pattie Wigand erzählt, wie es einem Busfahrer mit ein paar unüblichen Aufforderungen gelingt, dass seine Fahrgäste aus ihrer stummen Anonymität gelockt werden und miteinander ins Gespräch kommen.

Die Ich-Erzählerin benutzt an einem Wintermorgen den 151er Bus, um wie viele andere Berufstätige in die Chicagoer City zu fahren. Wie jeden Tag sitzen dieselben Fahrgäste im Bus. Wie immer lesen sie schweigend ihre Zeitung.

Plötzlich wird die Stille durch eine Aussage des Fahrers unterbrochen, der seine Fahrgäste auffordert, ihre Zeitung wegzulegen, den Sitznachbarn anzuschauen und ihm „Guten Morgen“ zu wünschen. Die Leute gehorchen den mit Nachdruck gesprochenen Worten und wenden sich zunächst zaghaft, dann erleichtert, dass es keinen bösen Hintergrund für die Aufforderung gibt, einander zu. Schließlich beginnen sie sogar befreit zu lachen, sich die Hände zu schütteln und miteinander zu reden.

Beim Aussteigen verabschiedet sich die Ich-Erzählerin von ihrer Nachbarin. Im Bus lässt sie eine heiter gestimmte Gesellschaft zurück, die in gelöster Atmosphäre miteinander Konversation macht. Im Gegensatz dazu sitzen die Menschen in den anderen Bussen, als seien sie voneinander isoliert, und reden kein Wort miteinander.

Als der Bus davonfährt, registriert der ausgestiegene Fahrgast, dass der Fahrer auf seine Arbeit konzentriert seine Fahrt fortsetzt, offenbar ganz ohne Bewusstsein dafür, ein „Montagmorgenwunder“ vollbracht zu haben, nämlich aus einer „toten Fracht“ eine Fracht „lebendiger Menschen“ gemacht zu haben.

Mit ihrer Geschichte verdeutlicht die Verfasserin, wie leicht es ist, Menschen einander näherzubringen. Ein paar einfache Worte des Fahrers genügen, um die sterile Atmosphäre im Bus zu verändern und die Isolation der einzelnen Fahrgäste zu durchbrechen. In dem Moment, als die „Zeitungsbarrieren“ fallen, ist schon der erste Kontakt möglich – der Blickkontakt. Und dann bedarf es nur der drei magischen Worte „Guten Morgen, Nachbar“, um die Menschen zu verändern und um aus den abgeschotteten Einzelfahrern eine lachende, gestikulierende und sich unterhaltende Gesellschaft zu machen. Aus eiligen Berufstätigen, stummen Busfahrgästen, anonymen Leuten sind Nachbarn, ist eine Gemeinschaft geworden! Dieses neue Verhältnis ist das Verdienst der Eigeninitiative des Fahrers. Die Ich-Erzählerin sieht es als „ein Montagmorgenwunder“ an. Das ist ein Wunder, das relativ leicht bewirkt werden kann, dann nämlich, wenn einer ein gutes Wort zur rechten Zeit sagt – vielleicht eine Aufforderung an den Leser selbst zu ähnlichem Handeln.

Hier kannst du üben:

1. Übung zur Einleitung

Gib an, welche Einzelheiten in dem Beispielaufsatz in der einleitenden Zusammenfassung verwendet wurden:

Art der Geschichte: ______________________

Titel der Geschichte: ______________________

Verfasserin der Geschichte: ______________________

Hauptperson: ______________________

Handlung dieser Person: ______________________

Folge dieser Handlung: ______________________

2. Übung zur Abschnittbildung

Nenne die Zeilen des Originaltextes, die der Verfasser des Beispielaufsatzes zu Teilabschnitten seiner Inhaltsangabe zusammengefasst hat.

1. Teilabschnitt von Zeile ___ bis Zeile ___
   Die übliche Situation zu Fahrtbeginn
2. Teilabschnitt von Zeile ___ bis Zeile ___
   Die Initiative des Busfahrers
3. Teilabschnitt von Zeile ___ bis Zeile ___
   Die Situation beim Aussteigen
4. Teilabschnitt von Zeile ___ bis Zeile ___
   Nachdenken über den Fahrer

3. Übung zur Interpretation im Schlussteil

Entscheide durch Ankreuzen, welchen Sinn der Verfasser in der Geschichte sieht:

Soll die Geschichte nach Meinung des Verfassers zeigen,

- dass es eigentlich leicht ist, die Menschen einander näher zu bringen a ☐
- dass man in öffentlichen Verkehrsmitteln recht komische Sachen erleben kann b ☐
- dass es gelingen kann, die Anonymität der Menschen mit einfachen Mitteln zu durchbrechen c ☐
- dass es unter den Busfahrern originelle Käuze gibt d ☐
- dass es immer wieder Wunder gibt e ☐

Die Lösungen findest du auf Seite 224.

Lösungsvorschlag zu Aufgabe b

„Ein gutes Wort zur rechten Zeit“ kann Wunder vollbringen

„Achtung, die Schürze kommt“, war für uns alle der Warnruf, der uns vom Hof hinter unserem dreistöckigen Haus vertrieb. Die „Schürze“ war eine Rentnerin, aber so rüstig, dass sie fast täglich, wenn es das Wetter erlaubte, im Hof herumwerkelte. Dort hatte sie Geranientöpfe aufgestellt und längs des Fahrradschuppens einen kleinen Küchengarten angelegt und zwischen den Kräutern auch vereinzelt ein paar Gartenmargeriten und etwas Goldlack gepflanzt. Die Schürze hieß so, weil sie nie ohne ein solches Kleidungsstück erschien und dieses dann benutzte, um auch die winzigsten Unkräutchen darin aufzusammeln.

Man könnte meinen, dass sie um ihrer gärtnerischen Tätigkeit willen von uns etwa zehnjährigen Kindern gemocht wurde. Aber genau das Gegenteil war der Fall. Wir konnten sie nicht ausstehen, weil sie nur ihren Gartengewächsen Zuneigung entgegenbrachte, uns Kinder aber anraunzte, wo sie nur konnte, besonders uns – die Fußballclique. Natürlich argwöhnte sie nicht zu Unrecht, dass der von uns nicht eben zimperlich getretene Ball die Blüten der Blumen köpfte und Schneisen in die Kräuterbeete schlug. So erlebten wir sie nur hinter uns herkeifend und mit dem Stiel der Hacke drohend, bis wir Fersengeld gaben. Außerdem nahmen wir ihr übel, dass sie uns bei unseren Eltern anschwärzte. Deshalb ärgerten wir sie auch, wo wir nur konnten; und wenn es einem gelang, den Ball nur um Zentimeter am Küchengarten vorbeizuzirkeln, dann galt das als kleine Heldentat.

Dieses böse Spiel trieben wir auch einmal, als es zuvor heftig geregnet hatte. Als ich dabei zu einem solchen „Meisterschuss“ ansetzte, rutschte ich so unglücklich aus, dass ich gegen den Schuppen krachte und mir dabei den Unterarm brach. Geschockt ließen mich meine Mitspieler allein, allein mit dieser schrecklichen Schürze, die nun auf mich zulief. Obwohl der Arm furchtbar schmerzte, sah ich in der herankommenden Frau eine weit schlimmere Bedrohung. „Tut es sehr weh?“, hörte ich da ihre anteilnehmende Stimme leise fragen. „Komm, ich helfe dir.“ Und als ich verblüfft aufblickte, sah ich sie mit einem kleinen Brett in ihrer abgebundenen Schürze vor mir stehen. Mehr Worte machte sie nicht. Mit Hilfe des Brettes und der Schürze war mein Arm bald notdürftig geschient und ich konnte von meiner Mutter ins Krankenhaus gebracht werden. Immer, wenn ich später die Schürze sah, musste ich an ihre Worte denken. Von da an war sie wunderbarerweise keine böse Kräuterhexe mehr für mich, sondern eine Gärtnerin mit dem Herz am rechten Fleck. Und diese Worte haben auch meine Kameraden überzeugt, die sie nun respektierten. Nur die Erwachsenen fragten sich, welch ein Wunder bewirkt hatte, dass wir nie mehr in Hofnähe Fußball spielten, dass wir uns sogar mit der Schürze über ihre Pflanzen unterhielten und dass die Schürze mit uns lachte.

Und wenn mich jemand später dumm angequatscht hat, habe ich oft gedacht, dass er das vielleicht nicht ganz grundlos tut und doch ein ganz netter Kerl sein könnte – so wie die Schürze! Manchmal schlucke ich auch meine eigenen Worte herunter, wenn ich gerade ausflippen will, und sage etwas Nettes und dann sind die anderen genauso verblüfft wie ich damals.

Hier kannst du üben:

1. Übung zur Einleitung

Kreuze an, mit welchem „Aufhänger“ der Verfasser des Beispielaufsatzes das Interesse des Lesers gewinnen will:

- durch die Ankündigung eines Beispiels für „gute Worte“ a ☐
- durch unmittelbare Einführung in die Handlung b ☐
- durch vielversprechende Signalwörter c ☐
- durch Aussagen über den Begriff „Wunder“ d ☐

2. Übung zur Umsetzung des Themas

Nenne die „guten Worte“, die in der Geschichte im Sinne der Überschrift des Beispielaufsatzes gesprochen wurden! Gib auch an, in welchen Zeilen sie stehen.

Die „guten Worte“ lauten:

____ (Zeilen: ____)

Mit welchem Begriff bezeichnet der Verfasser des Beispielaufsatzes diese Worte, um sie als „gute Worte“ hervorzuheben! Gib auch an, in welcher Zeile er steht.

Sie werden bezeichnet mit dem Begriff:

____ (Zeilen: ____)

Schreibe auf, worin das „Wunder“ besteht, das die „guten Worte“ hervorruft!

Das Wunder besteht darin:

____

3. Übung zur Gliederung des Hauptteils

Nenne die Konsequenz, die der Verfasser für sein eigenes Handeln aus der Geschichte gezogen hat:

____

Die Lösungen findest du auf Seite 224.

Übungsteil: Über eine Sache schreiben (Erörtern/Argumentieren)

Thema: Beruf

Arbeitsanweisung:

a) So oder anders hast du sicherlich auch schon von deiner Zukunft geträumt. Schreibe darüber! (z. B. Vorbilder, Wünsche, Hoffnungen ...)

b) Inzwischen denkst du wahrscheinlich anders über Beruf und Arbeitswelt. Schreibe ausführlich über deine wirkliche Berufssuche! (z. B. Praktikum, Tips von Verwandten und Bekannten ...)

Ratschläge für die Bearbeitung

zu Aufgabe a:

Das kannst du tun:		**Das erreichst du damit:**
1. Gliedere deinen Aufsatz nach Einleitung, Hauptteil und Schluss!	⇒	1. Du verleihst deinem Aufsatz so eine übersichtliche Form.
2. Bearbeite im Hauptteil Beispiele, die auf dem Aufgabenblatt als Anregungen vorgeschlagen werden!	⇒	2. Damit setzt du die Arbeitsanweisungen optimal um.
3. Versuche im Schlussteil deines Aufsatzes bereits eine inhaltliche Anbindung an den Aufgabenteil b zu finden!	⇒	3. Eine geschickte Anbindung an den 2. Aufgabenteil lässt deine Bearbeitung zu einer „runden Sache" werden.

zu Aufgabe b:

Das kannst du tun:		**Das erreichst du damit:**
1. Wähle einen aktuellen Einstieg für deinen Aufsatz!	⇒	1. So zeigst du deinen persönlichen Bezug zum Thema.
2. Begründe im Hauptteil deine persönlichen Vorstellungen zur Berufswahl!	⇒	2. Eine persönliche Stellungnahme hebt die Bedeutung deiner Ausführungen hervor.
3. Hebe im Schlussteil *den* Aspekt besonders hervor, der den Ausschlag für deinen Wunschberuf gibt!	⇒	3. Du stellst damit unter Beweis, dass deine Entscheidung für dich die richtige ist.

Lösungsvorschlag zu Aufgabe a

Träume von der Zukunft

Werden Kinder gefragt, welchen Beruf sie einmal ergreifen wollen, geben sie oft – je nachdem, ob Junge oder Mädchen – die gängigen Antworten: entweder Lokomotivführer und Pilot oder Säuglingsschwester und Kinderärztin.

Jugendliche orientieren sich gern an Personen, die in ihrem Berufsleben äußerst erfolgreich sind und deshalb leicht zu Idolen unzähliger Fans werden. Sie vermitteln den Eindruck der Unabhängigkeit, des Reichtums und der Sorglosigkeit.

Zu meinen Idolen zählen in erster Linie die Tennisspieler, die sehr viel Geld verdienen. Sie sind weltweit bekannt, anerkannt und angesehen. Dadurch, dass Tennisturniere in der ganzen Welt veranstaltet werden, reisen sie stets rund um die Welt. Sicherlich darf man nicht vergessen, dass die Tennisspieler sehr hart trainieren müssen. Darüber hinaus werden von ihnen auch immer Höchstleistungen erwartet. Ansonsten versinken sie sehr schnell in der Mittelmäßigkeit. Dies gilt auch für Pop-Stars, die zwar schnell aufsteigen, aber auch schnell in Vergessenheit geraten können.

Hätte ich noch Wünsche frei, könnte ich mir für mich auch sehr gut den Beruf des gut bezahlten Fußballspielers vorstellen. Dies ist ein Beruf, durch den man schnell zu Ansehen und Berühmtheit gelangen kann. Eines hat dieser Beruf mit dem des Tennisspielers gemeinsam: In beiden Fällen müssen die Spieler äußerst diszipliniert leben, um sich ganz oben halten zu können und den Erwartungen der Fans gerecht zu werden. Um in irgendeiner Form mit zur Spitze zu gehören, muss man eine Ausnahmeerscheinung sein. Dies gelingt nur den wenigsten. Außerdem müssen sie viele Anstrengungen und Entbehrungen auf sich nehmen, um dahin zu gelangen und sich einen festen Platz dort für eine gewisse Zeit zu sichern.

Ich denke realistischer. Um aber wenigstens einigermaßen an die Vorstellungen des guten Geldverdienens heranzukommen, richten sich meine Hoffnungen auf eine erfolgreiche Tätigkeit als „Hairstylist“, vielleicht sogar als bekannter Star-Frisör. In jedem Fall hat man als Frisör heutzutage auch eine Zukunft. Bei entsprechender Einsatzbereitschaft kann man hierdurch auch zu Erfolg und innerer Zufriedenheit gelangen.

Hier kannst du üben:

1. **Übung zur Gliederung und Einleitung**
   Stelle fest, wie der Aufsatz gegliedert ist:

   Einleitung: Zeile _____ bis Zeile _____

   Hauptteil: Zeile _____ bis Zeile _____

   Schluss: Zeile _____ bis Zeile _____

   Notiere, welche Berufe in der Einleitung des Beispielaufsatzes als Wunschberufe genannt werden:

   a) ______________________ b) ______________________

   c) ______________________ d) ______________________

2. **Übung zum Hauptteil**
   Ordne die im Beispielaufsatz vorkommenden Berufe den folgenden drei Begriffen zu:

   Idole: ______________________

   Wünsche: ______________________

   Hoffnungen: ______________________

3. **Übung zum Schluss**
   Stelle fest, ob der am Ende von Teil a genannte Beruf erneut in Teil b aufgegriffen wird! Kreuze entsprechend an!

   ja ☐

   nein ☐

Die Lösungen findest du auf Seite 225.

Lösungsvorschlag zu Aufgabe b

Meine berufliche Zukunft

Jedes Jahr wird in den 8. Klassen meiner Hauptschule das Berufspraktikum durchgeführt. Es heißt OiB: Orientierung in Berufsfeldern. In einem Zeitraum von zwei Wochen erhalten die Schülerinnen und Schüler Gelegenheit, herauszufinden, ob ihre Vorstellungen von einem bestimmten Beruf realistisch sind. Es könnte sich durchaus herausstellen, dass man sich geirrt hat und somit gezwungen ist, neue Überlegungen zur Berufswahl anzustellen.

Da ich später einmal kreativ arbeiten möchte, habe ich mein OiB-Praktikum in einem Friseursalon absolviert. In diesem Beruf bietet sich die Gelegenheit, nach nicht allzu langer Ausbildung und Gesellenzeit recht bald die Meisterprüfung abzulegen. Sicherlich denke ich nicht in erster Linie an das Geldverdienen, obwohl in dieser Hinsicht dieser Beruf in den letzten Jahren eine enorme Aufwertung erfahren hat.

Die ständige Änderung der Berufsbezeichnung hat dazu beigetragen, den Beruf attraktiv zu machen. Früher sprach man lediglich vom Barbier oder Haarschneider, während man heute vom Friseur oder sogar vom „Hairstylist" spricht.

Mittlerweile hat dieser Beruf den Hauch eines künstlerischen Berufes erhalten. Die modernen Frisuren sind heute so vielfältig und ausgefallen und somit sozusagen „Kunstwerke". Dieser Beruf wird durch diese Möglichkeiten abwechslungsreich und er erlaubt es dem „Hairstylisten", „kreativ" zu sein.

Ich lasse mich aber auch von der Vorstellung leiten, dass der Beruf des Friseurs immer und überall gebraucht wird. Dadurch bin ich nicht ortsgebunden, sondern kann jederzeit ein Geschäft in Wohnortnähe oder anderswo eröffnen.

Ein weiterer Grund ist die Tatsache, dass ich nicht nach einigen Jahren umschulen muss, da es diesen Beruf immer geben wird. Nur eine kleine Gefahr sehe ich in dieser Hinsicht: Sollte sich eine Allergie auf die chemischen Mittel, die bei dieser Art der Tätigkeit zum Einsatz kommen, einstellen, könnte mein Wunschberuf gefährdet sein.

Alle diese Gesichtspunkte habe ich bei meiner Entscheidung für diesen Beruf berücksichtigt, wobei der Aspekt der Kreativität von allergrößter Wichtigkeit ist, auch wenn ich kein „Starfriseur" werden sollte.

Hier kannst du üben:

1. Übung zur Einleitung

Stelle fest, welcher der folgenden Einstiege für den Beispielaufsatz gewählt wurde:

- Berufsberatung durch das Arbeitsamt a ☐
- Tips von Verwandten b ☐
- Berufspraktikum c ☐
- Besuch eines Ausbildungszentrums d ☐

2. Übung zum Hauptteil

Schreibe in Stichworten auf, welche Gesichtspunkte für die Berufswahl im Beispielaufsatz als entscheidend genannt sind:

____

____

Schreibe auf, welche Veränderungen die Berufsbezeichnung im Laufe der Zeit erfahren hat:

____

____

____

____

3. Übung zum Schluss

Nenne im Schluss den Aspekt, den der Schreiber des Beispielaufsatzes für seine Berufswahl besonders hervorhebt!

Die Lösungen findest du auf Seite 225.

Thema: Vor Gericht

Du besuchtest mit Deiner Klasse eine Gerichtsverhandlung des Amtsgerichtes. Ziemlich geschockt diskutiert Ihr hinterher den Fall. Es war kaum zu glauben! Kurt L. soll 100.000 DM bezahlen, bloß weil er sein Mofa „aufgemotzt“ hat! Dabei machen das doch viele ... . Und die meisten haben keine Ahnung, was das für Folgen nach sich ziehen kann ... !
Der Fall des Kurt L. läßt dich nicht in Ruhe. Hier muss man andere warnen!
Kurz entschlossen nimmst du deine Notizen, die du während der Verhandlung aufgeschrieben hast:

16-jähriger Angeklagter Kurt L. – Unfall mit Mofa verursacht – dunkler Herbstabend – Feldweg – Rentner führt Hund aus – wird angefahren – schwer verletzt – Kurt L. unter Schock – fährt weiter – Verletzter noch rechtzeitig gefunden – Spurensicherung der Polizei – Reifenabdrücke – Lacksplitter und kleine Teile des Mofas – Gürtelschnalle der Lederjacke – Tatfahrzeug und Täter ermittelt –

Gerichtsurteil: Kurt L. schuldig – zwar mildes Urteil: 30 Arbeitsstunden beim Deutschen Roten Kreuz (Arbeitsauflage) – aber Richter erklärt: Kranken- und Pflegekosten des Verletzten sind zu ersetzen – Versicherung wird diese Kosten von Kurt L. verlangen – Grund: Kurt L. ohne erforderliche Fahrerlaubnis gefahren – Führerschein nur für Mofa mit 25 km/h – Mofa aber frisiert auf 45 km/h – deshalb Ersatzansprüche an Kurt L. – etwa 100.000 DM – Kurt L. muss zahlen – vielleicht ein Leben lang ...

Arbeitsanweisung:

a) Schreibe einen Artikel für die Motorradzeitschrift „Mofan“, in welchem du über den Fall informierst! Warne dabei vor allem jugendliche Mofafahrer eindringlich vor den möglichen Folgen des „Frisierens“!
Formuliere auch eine passende Schlagzeile!

b) Viele Verkehrsteilnehmer halten sich leider nicht an die Vorschriften im Straßenverkehr und verursachen damit gefährliche Situationen.
Wie können nach deiner Meinung Gefahren im Straßenverkehr verringert werden? Schreibe!

Ratschläge für die Bearbeitung

zu Aufgabe a:

Das kannst du tun:		**Das erreichst du damit:**
1. Formuliere als Überschrift eine Schlagzeile, die durch ihre Mehrdeutigkeit „ins Auge springt"!	⇒	1. Eine echte Schlagzeile wirkt immer als Blickfang und regt zum Lesen an.
2. Schreibe in deinem Bericht das Wesentliche in der richtigen Reihenfolge!	⇒	2. Die Beschränkung auf das Wesentliche erleichtert dem Leser den schnellen Durchblick.
3. Belege deine Warnungen, die du aufführst, mit anschaulichen Beispielen!	⇒	3. Durch Beispiele schaffst du die Möglichkeit, dass der Leser eine Einsicht in das richtige Verkehrsverhalten gewinnt.

zu Aufgabe b:

Das kannst du tun:		**Das erreichst du damit:**
1. Schreibe eine Reihe von Gefahren auf, die zu schlimmen Situationen im Straßenverkehr führen können!	⇒	1. Du verfügst nun über eine Auswahl, aus der du einige Beispiele als besonders beeindruckend im Aufsatz darstellen kannst.
2. Schreibe in treffender Wortwahl in deinem Aufsatz, was die genannten Verkehrsteilnehmer falsch machen!	⇒	2. Hier kannst du zeigen, dass du fähig bist, eine abwechslungsreiche und treffende Sprache einzusetzen.
3. Formuliere am Ende deines Aufsatzes Ratschläge, die die Verkehrsteilnehmer beherzigen sollten!	⇒	3. Sinnvolle Tipps regen den Leser dazu an, sein eigenes Verhalten im Straßenverkehr zu überdenken.

Lösungsvorschlag zu Aufgabe a

100.000 DM fürs Frisieren

In der vergangenen Woche besuchte ich mit meiner Klasse eine Gerichtsverhandlung, die für den 16-jährigen Angeklagten mit einer bitteren Strafe endete. Dieses harte Urteil weckte in mir sofort den Gedanken, vor den Gefahren des Leichtsinns und der Selbstüberschätzung im Straßenverkehr unbedingt zu warnen.

Doch nun zuerst zur Verhandlung selbst. Im Laufe derselben ergab sich folgendes Bild des Geschehens: Der 16-jährige Kurt L. befuhr mit seinem frisierten Mofa, für welches er nicht die erforderliche Fahrerlaubnis besaß, an einem dunklen Herbstabend einen Feldweg. Dabei fuhr er einen Rentner an, der seinen Hund ausführte. Der alte Mann wurde dabei schwer verletzt. Unter Schockeinwirkung fuhr Kurt L. zunächst weiter, konnte jedoch aufgrund der Spurensicherung als Täter ermittelt werden.

Das Gerichtsurteil fiel an sich milde aus: Der Angeklagte bekam eine Arbeitsauflage, wonach er 30 Arbeitsstunden beim DRK ableisten muss. Die eigentliche Strafe besteht jedoch darin, dass die Kranken- und Pflegekosten von keiner Versicherung übernommen werden und so voraussichtlich Kosten in Höhe von ca. DM 100.000 auf ihn zukommen werden. Kurt L. muss zahlen, vielleicht sein Leben lang. Die Ersatzansprüche werden an ihn gerichtet, da sein Mofa lediglich für 25 km/h zugelassen war.

Daher halte ich es geradezu für meine Pflicht, eindringlich vor Manipulationen am eigenen Fahrzeug zu warnen, weil die negativen Folgen unüberschaubar werden können. Mein Rat:

1. Nimm niemals eigenständig technische Veränderungen an deinem Fahrzeug vor, da sie zur Folge haben könnten, dass du die Herrschaft darüber verlierst!
2. Diese unerlaubten Veränderungen bringen nicht nur dich, sondern auch andere Verkehrsteilnehmer in höchste Lebensgefahr.
3. Respektiere die technischen Möglichkeiten, die der TÜV (Technischer Überwachungsverein) zulässt! Unnötige Gefahrenquellen werden dadurch ausgeschaltet.
4. Fahre immer langsam, vorsichtig und rücksichtsvoll!

Hier kannst du üben:

1. Übung zur Überschrift

Kreuze an, welche der folgenden Überschriften durch ihre mehrdeutige Aussage „ins Auge springen"!

- Frisieren kostet DM 100.000,00 a ☐
- Rentner verletzt b ☐
- Hohe Strafe fürs Frisierens c ☐
- Unfall mit Folgen d ☐
- Frisieren ohne Friseur e ☐

2. Übung zum Erkennen des Wesentlichen

Schreibe auf, welche Notizen des Originaltextes im Beispielaufsatz nicht verwendet wurden

a) ______________ b) ______________

c) ______________ d) ______________

e) ______________ f) ______________

g) ______________

3. Übung zu den Warnungen

Schreibe die im Beispielaufsatz genannten Warnungen auf:

a) ______________________________

b) ______________________________

c) ______________________________

d) ______________________________

Die Lösungen findest du auf Seite 225.

Lösungsvorschlag zu Aufgabe b

So könnte der Straßenverkehr sicherer werden

Der heutige Straßenverkehr birgt so viele Gefahren, dass alle, die in irgendeiner Weise mit dem Straßenverkehr zu tun haben, gefährdet sind: Fußgänger, Radfahrer, Motorradfahrer und Autofahrer.

In besonders hohem Maße sind die Kinder im Straßenverkehr gefährdet. Die Hinweise und Warnungen an die Autofahrer werden durch die Realität bestätigt: Kinder haben keine Bremsen. Unachtsam betreten sie die Fahrbahnen. Ohne zu schauen, rennen sie zwischen parkenden Autos auf die Straße hinter ihrem Ball her. Einerseits halten die meisten Kinder die Verkehrsregeln, die man ihnen beigebracht hat, ein und gehen bei „Grün für Fußgänger" über die Straße. Andererseits trödeln sie jedoch bereits mitten auf der Straße, wenn die Ampel schon längst wieder auf „Rot" umgeschaltet hat.
Ein eingehender Verkehrsunterricht könnte die Kinder in der Schule zu verkehrsgerechtem Verhalten erziehen.

Eine weitere Gruppe, die gefährdet ist und oftmals gefährliche Situationen verursacht, sind die Radfahrer. Obwohl sich viele Radfahrer verkehrsgerecht verhalten, lässt die technische Ausstattung der Fahrräder leider sehr oft zu wünschen übrig. Es fehlen häufig Klingel, Strahler oder Lampe. So können sich die Radfahrer zum Beispiel nicht bemerkbar machen oder sie werden bei Nacht wegen der fehlenden Lichtausrüstung gar nicht oder zu spät gesehen.
Wenn jeder Radfahrer für ein verkehrssicheres Fahrrad sorgt, können gefährliche Situationen oder Unfälle vermieden werden.

„Der Stärkere hat Vorfahrt." Nach diesem Motto verhalten sich viele Autofahrer. Sie fahren mit überhöhter Geschwindigkeit durch Wohngebiete, in denen nur 30 km/h erlaubt sind. Es zeigt sich statistisch, dass die meisten Unfälle innerhalb geschlossener Ortschaften passieren. Hinzu kommen wetter- und jahreszeitlich bedingte Verhältnisse, die die Unfallgefahr enorm erhöhen und somit – und hier schließt sich der Kreis wieder – die Schwächsten, nämlich die Kinder und Fußgänger, treffen.

Hier hilft nur: Fuß vom Gas und umsichtiges, rücksichtsvolles Fahren, um jeden Verkehrsteilnehmer zu seinem Recht kommen zu lassen.

Hier kannst du üben:

1. Übung zu den Gefahrenquellen

Kreuze alle Gefahren an, die im Beispielaufsatz genannt wurden.

- Drogen a ☐
- unübersichtliche Kurven b ☐
- Stauende c ☐
- mangelnde Beleuchtung d ☐
- fehlender Sturzhelm e ☐
- Wildwechsel f ☐
- entlaufene Pferde g ☐
- überhöhte Geschwindigkeit h ☐
- Alkohol i ☐
- Regen j ☐
- Schnee k ☐
- Glatteis l ☐
- unachtsames Betreten Fahrbahn m ☐
- Losrennen zwischen parkenden Autos n ☐

2. Übung zu den Verhaltensweisen der Verkehrsteilnehmer

Unterstreiche im Beispielaufsatz, was die Verkehrsteilnehmer (Kinder/Fußgänger, Radfahrer, Autofahrer) jeweils falsch machen!

3. Übung zu den Ratschlägen

Schreibe auf, welche Ratschläge den jeweiligen Verkehrsteilnehmern im Beispielaufsatz erteilt werden!

a) Kinder/Fußgänger: ______________________

b) Radfahrer: ______________________

c) Autofahrer: ______________________

Die Lösungen findest du auf Seite 226.

Thema: Polizei

In der Stuttgarter Zeitung erschien folgender Bericht:

Tatütata

Als Babysitter betätigt haben sich Beamte des Polizeireviers in Neuhausen. Im Mittelpunkt der fürsorglichen Zuwendung durch die Ordnungshüter stand ein etwa zweijähriger Bub, den ein Anwohner in Ruits Kirchheimer Straße mutterseelenallein aufgelesen hatte. Die Eltern des barfuß und im Schlafanzug neben einem elektrischen Schaukelpferd aufgefundenen Knirpses konnten trotz eingehender Bemühungen nicht ausfindig gemacht werden. Hinweise auf seine Herkunft ließ sich der Kleine nicht entlocken. Das einzige, was er von sich gab, war „tatütata“. Auch auf dem Polizeirevier ahmte der kleine Gast weiterhin das Martinshorn nach. Mit einem Schokoladentrank gestärkt, durfte der Bub eine Polizeimütze aufsetzen und am Funktisch Platz nehmen. Kalte Füße und durchnässte Hosen hatte er mittlerweile auch nicht mehr. Ein Beamter versorgte ihn mit Dienstsocken, die bis zur Hüfte reichten. Großes Vergnügen bereitete dem Dreikäsehoch ein Ausflug durch sämtliche Diensträume auf dem Arm eines Polizisten, der laut tatütata intonierte. Trotz der gebotenen Kurzweil war dem Kind auch weiterhin kein Name zu entlocken. Selbst der Einsatz von Schokolade verpuffte wirkungslos. Der Wirbel ums namenlose Kleinkind legte sich, nachdem der besorgte Großvater des Ausreißers aufgetaucht war. Es stellte sich dabei heraus, dass der Kleine morgens durch die unverschlossene Wohnungstür unbemerkt nach draußen entwischt war. Beim Abschied von den freundlichen Polizeibeamten hätte es beinahe noch Tränen gegeben – soweit war die Freundschaft bereits gediehen. Allerdings, die Wachmannschaft war erleichtert. Die Beschäftigung mit dem quirligen Buben hatte einige Polizeibeamte der Erschöpfung nahe gebracht. ege

Arbeitsanweisung:

Der Polizeibeamte Fritz L. kommt mit einem vielsagenden Lächeln nach Hause. „Gibt's etwas Besonderes?“, will seine Frau wissen. Fritz L. nickt verschmitzt. „Erzähl' schon, Vater“, betteln seine Kinder ungeduldig. „Na gut, sonst platzt ihr noch vor Neugier. Also, ich sitze an meinem Schreibtisch, da ...“
Was erzählt der Vater weiter? Schreibe!

Ratschläge für die Bearbeitung

Das kannst du tun:		Das erreichst du damit:
1. Lies den Zeitungsbericht mehrmals aufmerksam durch und beachte beim Schreiben die Reihenfolge des Geschehens! Diese Fragen helfen dir dabei: Wann? – Wo? – Wer? – Was? – Wie?	⇒	Auf diese Weise entsteht ein anschauliches Bild von dem Geschehen.
2. Schreibe deinen Aufsatz im Präsens!	⇒	So kann sich der Leser besser in das Geschehen hineinversetzen.
3. In diesem Aufsatz erzählt der Polizeibeamte von seinem Erlebnis. Wenn du darin Personen sprechen lässt, musst du die indirekte Rede verwenden!	⇒	Durch die Verwendung der indirekten Rede kannst du zeigen, dass du die deutsche Sprache korrekt zu gebrauchen verstehst.

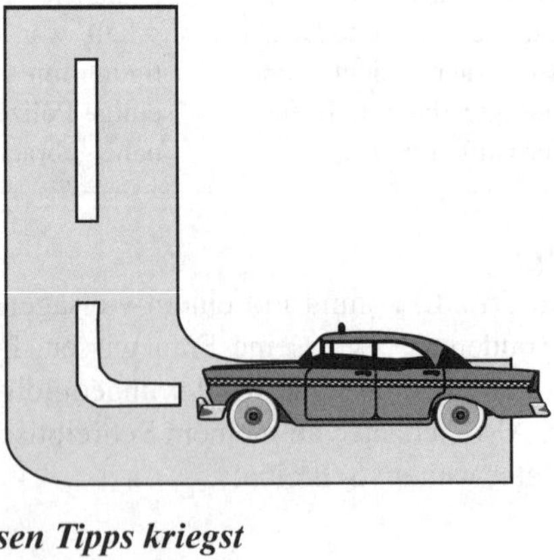

Mit diesen Tipps kriegst du bestimmt die Kurve!

Lösungsvorschlag

Also, ich sitze ...

Also, ich sitze heute Morgen am Schreibtisch, da geht mit einem Schlag die Tür des Polizeireviers auf. Meine Kollegen Müller und Huber stehen vor mir mit einem etwa zweijährigen Dreikäsehoch an der Hand.

Zwei neugierig funkelnde Augen blicken mich an. Aber alles, was der Junge von sich gibt, ist „tatütata". Da denke ich sofort: Das kann ja heiter werden! Kollege Müller berichtet mir kurz, niemand wisse, wem das Kind gehöre. Er habe es auf der Straße aufgelesen. Er erklärt sich bereit, den Knirps mit Dienstsocken, die ihm bis zur Hüfte reichen, zu versorgen, damit er nicht friere und zu weinen anfinge.

Mit zielstrebigem Blick geht der Kleine schließlich Richtung Funktisch, um sich eine „Übersicht" über die vielen Schaltknöpfe zu verschaffen. Mit allen Tricks versucht der Kollege immer wieder, dem Jungen seinen Namen zu entlocken.

Weit gefehlt! Wie gehabt: „Tatütata!"

Dann versuchen wir es mit einem Schokoladetrank und Schokolade. Ohne Erfolg! Gleichzeitig laufen die Telefone heiß: „Meldung an alle Streifenwagen!" – Nichts! Einmal setzt ihn ein Kollege auf den Schoß, dann wiederum geht ein anderer Kollege mit ihm auf dem Arm durch die Diensträume, um ihn zu beschäftigen. „Tatütata, tatütata", tönt es weiter. Mittlerweile sieht man den Kollegen an, dass sie trotz gespielter Freundlichkeit allmählich am Rande ihrer Kraft angelangt sind.
Plötzlich geht die Tür auf: Ein älterer Mann sucht aufgelöst sein Enkelkind. Er sagt, er sei gerade mal in den Keller gegangen. Da müsse der gewiefte Bursche durch die offene Wohnungstür entschlüpft sein.

Als der Junge die Stimme seines Opas hört, ist er nicht mehr zu halten. Strahlend kommt er angelaufen und fällt seinem Opa glücklich in die Arme.

Sie verabschieden sich schließlich und da wird es fast noch rührselig, weil der Junge bereits freundschaftliche Zuneigung zu uns Polizisten gefasst hat. Und uns geht es auch nicht viel anders. Allerdings sind wir dann doch alle erleichtert, dass der Junge wieder weg ist. Er hat uns ganz schön Nerven gekostet.

Hier kannst du üben:

1. Übung zur inhaltlichen Reihenfolge

Eine Sammlung wichtiger Begriffe kann dir beim Erstellen des Aufsatzes helfen:

– Babysitter	a ☐	– Schaltknöpfe	f ☐	– Wirbel	k ☐
– Polizeirevier	b ☐	– Schokolade	g ☐	– Großvater	l ☐
– Diensträume	c ☐	– Dienstsocken	h ☐	– Wachmannschaft	m ☐
– Dreikäsehoch	d ☐	– Kurzweil	i ☐	– Telefone	n ☐
– Funktisch	e ☐	– Ordnungshüter	j ☐		

Kreuze an, welche Begriffe des Zeitungsberichtes im Beispielaufsatz vorkommen!

Schreibe aus dem Aufsatz die Antworten auf die 5 Fragen heraus, welche die Reihenfolge des Geschehensablaufs bestimmen!

Wann? ________________________________

Wo? ________________________________

Wer? ________________________________

Was? ________________________________

Wie? ________________________________

2. Übung zum Gebrauch des Präsens (Gegenwartsform)

Hier kannst du üben, bei der Verbform *Präsens* Fehler zu vermeiden.
Suche im Text von Zeile 1 bis 5 alle Präsensformen und schreibe sie auf!

____

3. Übung zum Gebrauch der indirekten Rede

Wenn du Personen in einem Text sprechen lässt, der selbst schon eine direkte (wörtliche) Rede ist, formulierst du das Gesprochene am besten in indirekter (nicht-wörtlicher) Rede. Das Verb muss dann im Konjunktiv (Möglichkeitsform) stehen. Suche im Beispielaufsatz alle Konjunktivformen und schreibe sie auf!

Zeile 6/7: wisse, ______________________

Zeile 9: ______________________

Zeile 23: ______________________

4. Übung zum Schlussteil

Ab Zeile 22 werden im Beispielaufsatz besonders deutlich Gefühle ausgedrückt. Nenne Ausdrücke, die dazu verwendet wurden!

Die Lösungen findest du auf Seite 226.

Thema: Helfen

Arbeitsanweisung:

a) Schreibe eine Geschichte, zu der dieser Ausspruch von Pestalozzi passt!

b) Es gibt bei uns viele Menschen und Hilfsorganisationen, die nach diesem Leitsatz handeln. Schreibe darüber!

Ratschläge für die Bearbeitung

zu Aufgabe a:

Das kannst du tun:		**Das erreichst du damit:**
1. Betrachte die dargestellten Bilder ganz genau! Wähle eine Situation aus, die dich am meisten anspricht!	⇒	Auf diese Weise kannst du dich in Situationen von Elend versetzen. So kannst du am ehesten eine lebendige Erzählung schreiben.
2. Achte in deinem Aufsatz besonders auf die Darstellung, wie mit den Händen geholfen, d. h. etwas unternommen, wird!	⇒	Du erklärst dann den Ausspruch von Pestalozzi richtig.
3. Verwende in deiner Erzählung die Erzählzeit!	⇒	Der Aufsatz wird so sprachlich richtig.

zu Aufgabe b:

Das kannst du tun:		**Das erreichst du damit:**
1. Erstelle zuerst eine Sammlung von Hilfsorganisationen!	⇒	Du erreichst damit eine Übersicht über die Möglichkeiten des Helfens.
2. Beschreibe eine Organisation ausführlicher als Mittelpunkt deiner Ausführungen!	⇒	Der Leser kann sich dann vorstellen, was die Organisation leistet.
3. Schreibe auf, wie die Menschen, die für die Organisation arbeiten, mit den Händen, d. h. praktisch, helfen! Berichte auch von Menschen, die du kennst!	⇒	Diese praktische Darstellung macht deinen Aufsatz anschaulich. Der Leser erhält eine Vorstellung von der Notwendigkeit und Wichtigkeit dieser Hilfsformen.

Lösungsvorschlag zu Aufgabe a

Als es einmal brannte

An einem Abend im Frühherbst erledigte ich meine Schulaufgaben und bereitete mich auf den Unterricht des nächsten Tages vor. Anschließend richtete ich meine Schultasche, indem ich alle Hefte und Bücher einpackte, die ich für den Unterricht benötigte. Bevor ich schon früh schlafen ging, öffnete ich noch das Zimmerfenster, um in frischer Luft einschlafen zu können.

Nachdem ich schon lange und tief geschlafen hatte, geschah etwas, was ich wohl mein ganzes Leben lang nie vergessen werde.

Ich vernahm plötzlich verzweifelte Schreie. Es war die Nachbarin des gegenüberliegenden Hauses. Sie schrie in die mondklare Nacht, die bereits in den dämmernden Morgen überzugehen schien. Ihre Stimme hatte den Klang, als würde sie sich überschlagen: „Hilfe, Hilfe, helft doch! Es brennt! Es brennt! Hilfe!"

Schlaftrunken konnte ich bereits von meinem Bett aus den Feuerschein sehen, der unseren Vorgarten erleuchtete. Die ersten Rauchschwaden zogen an meinem Zimmerfenster vorbei und schon roch es verbrannt. Blitzschnell, eigentlich ohne zu überlegen, sprang ich aus dem Bett, um schnellstmöglich Hilfe zu holen.

Nur mit einer Hose bekleidet, stürzte ich barfuß aus dem Haus. Gegenüber stand der Dachstuhl des Nachbarhauses bereits in hellen Flammen. Diese wurden durch einen leichten Wind zusätzlich begünstigt. Zitternd und frierend rannte ich durch die bodenkalte Straße zum nahen Rathaus unseres Dorfes. Dort angekommen, schlug ich mit einem Stein, den ich auf dem Boden fand, die Scheibe des Feuermelders ein, wodurch die heulende Sirene ausgelöst wurde. Atemlos blieb ich nun eine Weile stehen, um wieder zu Kräften zu kommen. Mir war in diesen Momenten nur wichtig, dass auf Hilfe zu hoffen war.

Erschöpft und langsam kehrte ich nach Hause zurück, wobei ich die ganze Zeit das Sirenengeheule hören musste. Zu Hause angekommen, verfolgte ich zwischen dem heillosen Durcheinander, wie die Feuerwehr gegen die Flammen ankämpfte. Mit Angst und Schrecken sah ich zu.

Am nächsten Tag bot sich ein Bild, das mich daran erinnerte, als säßen die Balken des Dachstuhls wie ein verbranntes Skelett auf dem Haus.

Hier kannst du üben:

1. **Übung zur Art der Darstellung**
   Unterstreiche im Beispielaufsatz die Stelle, die das Erlebte durch wörtliche Rede besonders lebendig darstellt!

2. **Übung zur Aufgabenstellung**
   Markiere im Beispielaufsatz Sätze, die das *Helfen mit den Händen* (= etwas unternehmen) verdeutlichen!

3. **Übung zur sprachlichen Richtigkeit**
   Bei den folgenden Beispielen kannst du üben, die Erzählzeit (Präteritum) richtig zu bilden.
   Schreibe zu den angegebenen Grundformen die 1. Person/Einzahl auf:

gehen →	ich ging ______	schlagen →	______
schlafen →	______	bleiben →	______
vergessen →	______	kommen →	______
schreien →	______	sitzen →	______
scheinen →	______	riechen →	______
springen →	______		

Die Lösungen findest du auf Seite 226.

Lösungsvorschlag zu Aufgabe b

Für aktives Helfen gibt es viele Beispiele

„Man muss das Elend nicht mit dem Maul, sondern mit den Händen anpacken." Dieses Zitat des berühmten Pädagogen Pestalozzi trifft auf viele Beispiele zu.

Es gibt Hilfsorganisationen, die auf eine lange Tradition zurückblicken kann.

Das Rote Kreuz wurde bereits im letzten Jahrhundert gegründet. Es hat sich zu einer Weltorganisation entwickelt, die Kriegsleiden mildert, Kriegsgefangene betreut und in Katastrophenfällen hilft. Neben dieser weltlichen Organisation gibt es auch kirchliche Organisationen wie „Adveniat" und „Misereor", die versuchen, durch groß angelegte Geldsammlungen das Elend in der Dritten Welt zu lindern.

In diesen Organisationen gibt es unzählige Menschen, die mit den „Händen" das Elend anpacken. Immer wieder wird eine Person, die „vor Ort" im Dienste der Hilfe ihr Leben aufopfert, auch als Vorbild herausgestellt:

Die weltbekannte Mutter Teresa erhielt für ihre aufopferungsvolle Tätigkeit in den Slums von Kalkutta den Friedensnobelpreis. Als Ordensschwester pflegte sie die Kranken und Obdachlosen. Die Sterbenden betreute sie in den letzten Stunden ihres Lebens. Die Verleihung eines solchen Preises ist nicht nur eine Ehrung dieser Person, sondern sie hat eine enorme Wirkung auf viele Menschen, die ihrem Beispiel folgen.

Eine ganz andere, aber nicht minder wichtige Arbeit leisten Polizisten, deshalb auch „Freund und Helfer" genannt. Sie verrichten schwerste Arbeit unter ungünstigen Bedingungen. Wegen der stark angestiegenen Kriminalität und vieler anderer Vorkommnisse leisten sie viele Überstunden. Außerdem stehen sie häufig im Kreuzfeuer der Kritik und sind oftmals der Gefahr ausgesetzt, bei kritischen Einsätzen selbst Opfer zu werden. Anstatt als „Freund und Helfer" betrachtet zu werden, wird ihre Arbeit leider oft kritisiert.

Darüber hinaus opfern sich viele ungenannte Menschen für ihre Mitmenschen auf, sei es in der Nachbarschaftshilfe oder in der Hilfe und Pflege innerhalb einer Familie. Sie alle helfen nicht mit dem „Maul", sondern mit den „Händen".

Hier kannst du üben:

1. Übung zur Materialsammlung
Schreibe zur folgenden Organisation auf, was du über sie weißt:
ADAC (Allgemeiner Deutscher Automobil-Club)

Wann gegründet: ______________________________

Wo: ______________________________

Aufgabe der Organisation: ______________________________

Mitglieder: ______________________________

Mache dich über eine weitere Organisation kundig und gehe in gleicher Weise vor!

2. Übung zum Mittelpunkt des Hauptteils
Unterstreiche im Beispielaufsatz die Sätze, die vom Roten Kreuz berichten!

3. Übung zum Inhalt des Hauptteils
Markiere im Beispielaufsatz, wie Mutter Teresa mit den Händen hilft!

Die Lösungen findest du auf Seite 226.

Thema: Heimat

Eine Meinungsumfrage lautete: Heimat – was ist das?
Hier sind die Ansichten einiger Erwachsener:

Heimat bedeutet für mich zwei Dinge: erstens das, wo man herkommt und zweitens das, wo man sich wohl fühlt. Man kann auch eine neue Heimat finden. Ich selbst habe das so erlebt.

Heimat bedeutet für mich zu Hause zu sein. Es ist der Ort, wo man sich geborgen fühlt. Heimat ist wichtig, so wie Zugehörigkeit zu anderen Menschen wichtig ist. Man wird geprägt von dem, wo man seine Kindheit verbracht hat und glücklich war.

Heimisch fühle ich mich, wo ich sprachlich und kulturell zurechtkomme, , überall da, wo man Freunde und seinen Lebenskreis finden kann.

Heimat

Für mich bedeutet der Begriff Heimat nichts, er ist mir auch nicht geläufig. An den Platz, an dem ich geboren wurde, habe ich gute und auch schlechte Erinnerungen. Ich war allerdings auch noch nie länger von zu Hause fort.

Der Geburtsort ist für mich nicht dasselbe wie Heimat. Ich selbst bin in Norddeutschland geboren, fühle mich aber nur im Schwarzwald daheim. Die Gegend, die Menschen, all das liegt mir hier.

Ich lebe seit 1948 hier, stamme aus Ostpreußen. Es war ein langer Weg und hat lange Zeit gedauert, bis mir diese Gegend hier zur neuen Heimat geworden ist. Aber ich finde es doch gut, dass unsere Welt kleiner und damit der Begriff Heimat größer geworden ist, denn dieses neue Denken verhindert weitere Kriege.

Arbeitsanweisung:

a) Was bedeutet Heimat für dich? Schreibe darüber! Die vorgestellten Ansichten können dir dabei helfen.

b) Beschreibe den Ort, in dem du lebst, sodass man sich eine Vorstellung von ihm machen kann.

Ratschläge für die Bearbeitung

Das kannst du tun: **zu Aufgabe a:**		**Das erreichst du damit:**
1. Verdeutliche in der Einleitung, warum dieses Thema heutzutage eine Bedeutung hat!	⇒	Dadurch zeigst du, dass du das gestellte Problem auf dich und die Gegenwart beziehen kannst.
2. Zeige in deinem Hauptteil an Beispielen, was Heimat für dich ausmacht! Benutze als Argumente dafür treffende Begriffe und auch die Formulierungen in den vorgegebenen Äußerungen!	⇒	Durch die Wahl von speziellen Begriffen, die das Verhältnis der Menschen und das Gefühlsleben kennzeichnen, kannst du die Bedeutung deiner Argumente hervorheben.
3. Fasse im Schluss nochmals deine Argumente zu einer klaren Bestimmung deiner Auffassung von Heimat zusammen!	⇒	Auf diese Weise erfüllst du die Aufgabenstellung des Aufsatzes, die ausdrücklich deine persönliche Stellungnahme fordert.

Mit diesen Tipps wird dein Aufsatz ein Treffer!

Das kannst du tun: **zu Aufgabe b:**		**Das erreichst du damit:**
1. Gib in der Einleitung eine Vorstellung davon, wo sich dein Wohnort befindet!	⇒	Der Leser kann deinen Wohnort in seine geographischen Kenntnisse einreihen, was ihm vielleicht das Verständnis deiner Beschreibung erleichtert.
2. Zur Beschreibung eignen sich vor allem: – die Grundanlage des Orts – erwähnenswerte Straßen – bemerkenswerte Bauwerke – besondere Einrichtungen – Problemseiten des Orts Die Länge der Eintragungen zu diesen Punkten macht eine Aussage über deren Bedeutung für den Ort.	⇒	Eine solche Einteilung ordnet die Aufzählung vieler Einzelheiten und macht deine Beschreibung viel übersichtlicher.
3. Bewerte im Schlussteil deine Beschreibung und fasse dies in einem Urteil über deinen Wohnort zusammen!	⇒	Auf diese Weise vermittelst du dem Leser deine Einstellung zu deinem Wohnort als Abrundung deiner Beschreibung.

Lösungsvorschlag zu Aufgabe a

Was Heimat für mich bedeutet

Es ist kennzeichnend für unsere Zeit, dass viele Menschen aus ganz unterschiedlichen Gründen freiwillig oder gezwungenermaßen ihre Heimat verlassen und einen neuen Lebensraum suchen. So ist es durchaus nicht ungewöhnlich, dass – wie in meiner Klasse – Kinder aus verschiedenen Gegenden und Ländern zusammensitzen.

Würde Heimat nur bedeuten, dass man an diesem Ort geboren ist, so würden viele meiner Mitschüler ohne Heimat leben. Und auch ich wäre ohne Heimat, denn meine Familie stammt auch nicht von hier und ich bin nicht in dem Ort geboren, an dem wir heute leben.

Das empfinde ich aber nicht so. Heimat ist für mich mehr als der Ort meiner Geburt und meiner ersten Kinderjahre. Für mich ist die Gegend, in der ich heute lebe, meine Heimat, weil ich hier das Gefühl der Geborgenheit habe. Ich habe hier meine Familie, meine Freunde und Bekannten. Außerdem bin ich hier Mitglied in einem Verein. Mit den Leuten dieser Gegend komme ich gut aus und ich empfinde Sympathie für sie. Sie machen mir die Kontaktaufnahme leicht und geben mir das Gefühl, dass ich dazugehöre.

Außer den menschlichen Beziehungen ist für mich auch eine Umgebung wichtig, in der ich etwas anfangen kann. Wenn ich mit Freunden durch den Ort bummle, eine Radtour am Fluss entlang mache oder mit meiner Familie zu einem Wochenendausflug in die Umgebung fahre, dann denke ich, dass ich in einer Gegend wohne, die ich schön finde und die mir liegt.

Durch die vielen Unternehmungen in meiner Umgebung und die vielen Bindungen und Beziehungen, die ich geknüpft habe, fühle ich mich hier zu Hause, und es hat keine Bedeutung, dass ich nicht hier geboren bin. Ich könnte mir sogar vorstellen, dass ich später noch die eine oder andere Heimat hinzugewinne, weil Heimat für mich dort ist, wo menschlicher Kontakt und Freundschaft und eine liebenswerte Umgebung mir das Gefühl der Lebensfreude vermitteln.

Hier kannst du üben:

1. Übung zur Einleitung

Diese Themen eignen sich dazu, die Aktualität des Themas in unserer Zeit zu verdeutlichen:

- Fast in jedem Ort leben Gastarbeiterfamilien a ☐
- Fast in jeder Schulklasse gibt es Kinder aus verschiedenen Ländern b ☐
- Die Industrie verlangt von vielen Beschäftigten Einsätze im Ausland c ☐
- Arbeitnehmer ziehen heute wegen ihres Arbeitsplatzes öfter um d ☐
- Menschen ändern heute ihren Wohnsitz häufig aus vielerlei Gründen, freiwillig oder gezwungenermaßen e ☐
- Du selbst bist vielleicht schon (mehrfach) umgezogen f ☐

Kreuze an, welche der Möglichkeiten im Beispielaufsatz genannt wurde!

2. Übung zur Wortwahl

Es kann verschiedene Gründe haben, warum Menschen einen Ort oder eine Gegend als ihre Heimat empfinden. Kreuze an, welche der Gründe für den Verfasser des Beispielaufsatzes wichtig sind:

Geborgenheit	a	☐	Sympathie für die Menschen	h	☐
Gleiche Sprache/Mundart	b	☐	Gefühl der Dazugehörigkeit	i	☐
Familie, Verwandte	c	☐	Freunde, Bekannte	k	☐
Bindungen, Beziehungen	d	☐	Feste, Bräuche	l	☐
Kontakte, Freundschaften	e	☐	Mitgliedschaft in Vereinen	m	☐
Geburtsort	f	☐	Ort der Kindheit	n	☐
Landschaft, Umgebung	g	☐	Unternehmungsmöglichkeiten	o	☐

3. Übung zum Schlussteil

Im Schlussteil macht der Verfasser des Beispielaufsatzes nochmals eine Aussage darüber, was ihm bei dem Begriff Heimat besonders wichtig ist.

Kreuze an, ob ihm wichtig ist,

- dass man dort geboren ist a ☐
- dass man sich dort wohl fühlt b ☐
- dass man dort menschliche Bedingungen und Kontakte hat c ☐
- dass man Landschaft schön findet d ☐

Die Lösungen findest du auf Seite 227.

Lösungsvorschlag zu Aufgabe b

Der Ort, an dem ich lebe

Mein Wohnort ist eine Großstadt von 300.000 Einwohnern. Sie liegt in der Rheinebene am Zusammenfluß von Rhein und Neckar und im nördlichsten Eck unseres Bundeslandes Baden-Württemberg, an der Landesgrenze zu Hessen und Rheinland-Pfalz.

Die Planung des Stadtkerns geht auf die Kurfürsten zurück, die ein leicht überschaubares Stadtbild schufen. Die Innenstadt hat die Form eines Hufeisens und ist hufeisenförmig von einer großen Verkehrsstraße, dem Ring, eingeschlossen.

An der offenen Seite des Hufeisens befindet sich das große Barockschloss. Von der Mitte dieses Schlosses führt eine Längsachse – im Volksmund „Breite Straße" genannt – einen Kilometer lang zur Kurpfalzbrücke an den Neckar. Die große Querachse dazu bilden die „Planken", die vom Wasserturm, dem Wahrzeichen der Stadt, in Richtung Rheinhafen ziehen.

Alle anderen Straßen innerhalb des Innenstadthufeisens verlaufen ebenso schnurgerade parallel zu diesen beiden großen Achsen, sodass sie ein Schachbrettmuster formen, die sogenannten Quadrate. Dies ist auch der Grund dafür, dass es in der Innenstadt keine Straßennamen gibt, sondern die Benennung der Quadrate nach dem Alphabet erfolgt. Vom Schloss ausgehend, links der Breiten Straße, befinden sich die Quadrate A bis K. Vom Schloss aus rechts sind die Quadrate L bis U. Zur Bezeichnung der einzelnen Häuser werden den Buchstaben Zahlen beigefügt. Auf diese Weise kann man sich sehr leicht orientieren. Fremden aber erscheint es manchmal etwas kompliziert, weil sie das System dieser Benennung nicht kennen.

Der Kreuzungspunkt der beiden Achsen ist der Paradeplatz, der neben großen Kaufhäusern und der Post neuerdings vom modernen Stadthaus gesäumt wird. Die Stadtbewohner bummeln gerne auf den beiden Hauptstraßen, die als Fußgängerzone angelegt sind. In den baumbestandenen Planken reiht sich elegant Geschäft an Geschäft bis in die daneben liegenden Straßen, mit denen sie auch durch viele Ladenpassagen verbunden sind. Die Breite Straße gibt sich eher volkstümlich – mit der alten Marktkirche und dem Marktplatz, auf dem dreimal in der Woche Markt mit hübsch dekorierten Ständen ist.

Durch die starke Zerstörung im Krieg sind nur wenige alte Gebäude erhalten. Zu ihnen gehört die Jesuitenkirche mit ihrem restaurierten Hochaltar, die Wasserturmanlage mit ihren Wasserspielen, die von prächtigen Jugendstilgebäuden umstanden ist, von denen die Kunsthalle und der Konzert- und Kongressbau des Rosengartens hervorzuheben sind. Nicht weit vom Wassertum befinden sich am Ring der Hauptbahnhof und das Nationaltheater.

Wer von der Autobahn her in die Stadt kommt, fährt am Autobahnende an den Neubauten des Landesmuseums für Arbeit und Technik und des Planetariums vorbei, die ihre Besucher ebenso zum Verweilen einladen wie die weiträumigen gepflegten Grünanlagen des Luisenparks und des Herzogenriedparks, zu denen auch noch der naturbelassene Waldpark mit seinem prächtigen Baumbestand am Rheinufer als Freizeitangebot gehört.

Noch zu erwähnen ist der große Hafen, der den größten Teil des Rheinufers einnimmt. Er weist darauf hin, dass die Stadt ein Industriezentrum ist, was man schon von weitem an den vielen rauchenden Fabrikschornsteinen merkt und beim Durchfahren der nördlichen und südlichen Vororte feststellen kann. Das macht sich aber leider auch an der schlechten Luft bemerkbar.

Trotz dieses negativen Aspekts ist meine Stadt aber eine Reise wert. Wer Lust hat, sich mit eigenen Augen zu überzeugen, der fahre einfach einmal hin – nach Mannheim.

Hier kannst du üben:

1. Übung zur Einleitung

Zur Bestimmung der geographischen Lage deines Wohnorts eignen sich:

- Himmelsrichtung in einem Land a ☐
- Zugehörigkeit zu einem Bundesland b ☐
- Lage zu einem bekannten Bezugspunkt,
  z. B. zu einem Fluss c ☐
  zu einem Gebirge d ☐
  zu einer Großstadt e ☐

Kreuze an, welche der Möglichkeiten im Beispielaufsatz angegeben wurde!

2. Übung zur Gliederung des Hauptteils

Trage für die Beschreibungspunkte die Zeilennummern ein:

- die Grundanlage des Orts: ______________________
- das Straßensystem: ______________________
- erwähnenswerte Straßen: ______________________
- geschichtliche Bauwerke: ______________________
- besondere Einrichtungen: ______________________
- Problemseiten des Orts: ______________________

3. Übung zum Schlussteil

Welches Urteil äußert der Verfasser im Schlussteil gegenüber seinem Wohnort:

ein positives Urteil a ☐
oder
ein negatives Urteil b ☐

Lässt der Verfasser nach deiner Meinung erkennen, dass er seinen Wohnort als seine Heimat empfindet? ja ☐ oder nein ☐

Die Lösungen findest du auf Seite 227.

Thema: Unfall

Stadt Weißenhorn, Kreis Neu-Ulm – 19.30 Uhr – Frau M. (48), Sohn Jürgen (20), Tochter Sandra (16) – Abendessen – selbst-gebackenes Vollkornbrot, Wurst, Käse – nebenher fernsehen – spannender Krimi – Frau M. greift an den Hals – würgt – ringt nach Luft – Brotbissen in der Luftröhre – Hilfeversuche durch Sohn und Tochter – kein Erfolg – Frau M. Atemnot, nahezu ohnmächtig – Jürgen M. fährt Mutter ins Krankenhaus – überhöhte Geschwindigkeit – Pkw schleudert gegen Verkehrsinsel – Aufprall – Brotbissen löst sich – wieder Luft – Sachschaden am Pkw ca. 5000 DM

Arbeitsanweisung:

a) Schreibe zu den vorgegebenen Stichworten einen Bericht für die Zeitung! Formuliere auch eine treffende Schlagzeile!

b) „Glück im Unglück" – Schreibe zu dieser Redensart auch ein Beispiel!

Ratschläge für die Bearbeitung

zu Aufgabe a:

Das kannst du tun:		**Das erreichst du damit:**
1. Nenne im Einleitungssatz die wichtigsten Angaben zur Orientierung des Lesers!	⇒	Der Leser weiß damit sofort, wovon der Bericht handelt, und hat zum Vorgang einen besseren Bezug.
2. Gliedere den Zeitungsbericht in Sinnabschnitte!	⇒	Die Gliederung erleichtert es, das Gelesene aufzunehmen und zu verstehen.
3. Fasse das Ergebnis der Handlung im Schlusssatz zusammen!	⇒	Wenn das Ergebnis am Ende genannt wird, bleibt das Interesse des Lesers bis zum Schluss erhalten.
4. Formuliere eine Schlagzeile, die den Leser stutzig macht!	⇒	Der Leser wird dadurch neugierig gemacht und zum Lesen angeregt.

zu Aufgabe b:

Das kannst du tun:		**Das erreichst du damit:**
1. Erzähle so, dass deine Handlung einen deutlichen Höhepunkt hat!	⇒	Deine Erzählung packt den Leser auf diese Weise und interessiert ihn am Geschehen.
2. Verwende im Schlussteil die Redensart „Glück im Unglück“!	⇒	Du kannst damit verdeutlichen, dass dein Aufsatz zu dem gestellten Thema passt.
3. Drücke Gedachtes und Gesprochenes wörtlich aus!	⇒	Deine Erzählung wirkt auf diese Weise lebendiger.

Lösungsvorschlag zu Aufgabe a

Schlagzeile: Brotbrocken verursacht Verkehrsunfall

In Weißenhorn, Kreis Neu-Ulm, kam es am Freitagabend um 19.30 Uhr zu einem folgenschweren Zwischenfall.

Die 48-jährige Frau M. hatte zum Abendessen selbstgebackenes Vollkornbrot mit Wurst und Käse aufgetischt. Während der Mahlzeit, die Frau M. zusammen mit ihrem 20-jährigen Sohn Jürgen und der 16-jährigen Tochter Sandra einnahm, sahen sich die drei Personen einen spannenden Krimi im Fernsehen an. Vermutlich infolge dieser Ablenkung schluckte Frau M. unkontrolliert, wodurch ihr ein Brotbissen in die Luftröhre geriet.

Die beiden Kinder wurden auf die bedrohliche Situation ihrer Mutter aufmerksam, als diese sich an den Hals griff, würgte und nach Luft rang. Obwohl der 20-jährige seiner Mutter sofort kräftig auf den Rücken klopfte und die 16-jährige ihre Mutter dabei nach vorne beugte, blieben die Hilfeversuche ohne Erfolg. Frau M. geriet in gefährliche Atemnot und wurde nahezu ohnmächtig.

In Panik wollte der Sohn seine Mutter mit dem Auto ins Krankenhaus transportieren und raste mit überhöhter Geschwindigkeit durch die Hauptstraße von Weißenhorn, wo er mit dem Pkw gegen eine Verkehrsinsel schleuderte. Durch den heftigen Aufprall löste sich der Brotbissen aus der Luftröhre von Frau M., die sogleich wieder Luft bekam.

Während Frau M. als geheilt betrachtet werden konnte und der Fahrer unverletzt blieb, entstand am Pkw ein Sachschaden von ca. 5000 DM.

Hier kannst du üben:

1. Übung zur Einleitung

Stelle durch Ankreuzen fest, welche Angaben dem Verfasser des Beispielaufsatzes als Orientierung so wichtig waren, dass er sie in den Einleitungssatz aufgenommen hat:

- Name der Personen a ☐
- Ort/Gegend des Geschehens b ☐
- Tag des Geschehens c ☐
- Alter der Personen d ☐
- Uhrzeit des Geschehens e ☐
- Art des Geschehens: Zwischenfall f ☐
- Art des Geschehens: Verkehrsunfall g ☐

2. Übung zum Gliedern

Die Abschnitte des Hauptteils sind an den 3 Absätzen erkennbar. Gib mit Stichworten an, nach welchem Sinnzusammenhang die Abschnitte gemacht wurden:

1. Abschnitt des Hauptteils: ______________________________

2. Abschnitt des Hauptteils: ______________________________

3. Abschnitt des Hauptteils: ______________________________

3. Übung zum Schlussteil

Stelle durch Ankreuzen fest, welche Informationen im Schlusssatz als Pointe des Berichts gegeben werden:

- Zustand der Frau a ☐
- Reaktion der Betroffenen b ☐
- Zustand des Fahrers c ☐
- Unfallaufnahme durch die Polizei d ☐
- Aussage von Zeugen zum Unfallhergang e ☐
- Höhe des Sachschadens f ☐

4. Übung zur Formulierung der Schlagzeile

Entscheide, worin der Witz der Schlagzeile besteht, der den Leser stutzig macht, und kreuze entsprechend an:

Die Schlagzeile

– kündigt etwas kaum Glaubhaftes an a ☐
– kündigt eine lustige Geschichte an b ☐
– nennt einen interessanten Sachverhalt c ☐
– verspricht eine Sensation d ☐
– wirkt komisch e ☐

Die Lösungen findest du auf Seite 227.

Lösungsvorschlag zu Aufgabe b

Glück im Unglück

Als ich eines Morgens aufwachte, sah ich mit Entsetzen, dass es schon zehn vor acht war. Ich hatte mal wieder verschlafen. Diesmal war es besonders unangenehm, weil ein Brief des Klassenlehrers an meine Eltern drohte: Wegen wiederholten Zuspätkommens, wie sich unser Herr Müller auszudrücken pflegte.

„Ich muss es noch schaffen", dachte ich, „oder sollte ich besser gleich daheim bleiben?" Doch darauf wollte ich es lieber nicht ankommen lassen. (Schließlich ist es nicht erfreulich, wenn man eines Tages vom Hausmeister ehrenhalber zur Schule begleitet wird.)

Ich warf also die Bettdecke von mir und sprang mit beiden Beinen aus dem Bett. Im Bad begnügte ich mich mit einer Katzenwäsche. Fürs Anziehen genügten einige Minuten. Ein Bissen Brot, die Schultasche geschnappt, drei Stufen auf einmal die Treppe hinunter und hinaus, Richtung Schule, wie ein Jogger auf Trimmtrab, mit Affentempo um 8.10 Uhr um die letzte Straßenecke – ja und da stand es, das Auto von unserem lieben Klassenlehrer, dem Herrn Müller. Hinten war es unschön verbeult, das linke Rücklicht geborsten und der Lack böse angekratzt. Dem Müllerschen Auto war einer draufgefahren. Doch Gott sei Dank war unserem Lehrer selbst nichts passiert.

Als er mich sah, winkte er mich heran: „Ein Glück, dass du gerade kommst, Tobi", sagte er erleichtert. „Geh gleich zum Rektor und melde ihm mein Unglück mit dem Auffahrunfall. Und dann gehst du in unsere 9a und sagst Bescheid, dass ich sofort komme, wenn die Polizei mit der Unfallaufnahme fertig ist."

Wer da mehr Glück im Unglück gehabt hat, unser armer Herr Müller oder ich, das will ich mal offen lassen. Jedenfalls hat er mir anerkennend auf die Schulter geklopft, als er 20 Minuten später in unsere Klasse kam und alle leise und rücksichtsvoll auf ihren Plätzen saßen.

Hier kannst du üben:

1. **Übung zum Höhepunkt**

   Der Verfasser des Beispielaufsatzes gestaltet den Höhepunkt seiner Erzählung mit einem einfachen Stilmittel: Er reiht einige Handlungselemente aneinander. Zähle, wie viele einzelne Handlungselemente in dem langen Satz von Zeile 12 bis 14 aneinander gereiht sind!

   Es sind ______________________________ Handlungselemente in diesem Satz.

2. **Übung zum Schluss**

   Beantworte die folgende Frage: Mit welchem Trick verdeutlicht der Verfasser, dass sein Aufsatz zu der Überschrift passt?

   Antwort: ____

3. **Übung zur Wortwahl**

   Stelle fest, in welchen Zeilen wörtliche Reden oder wörtlich formulierte Gedanken in dem Text vorkommen.

   Wörtlich gesprochen oder gedacht wird in Zeile ______________________

Die Lösungen findest du auf Seite 227.

Thema: Glück

Schüleräußerungen zum Thema „Glück“

> Geld! An dieses Wort wird sofort gedacht, wenn man fragt: Was ist Glück? Sicher, Geld ist sehr wichtig. Für mich persönlich heißt Glück aber: eine Familie haben und einen guten Beruf und gesund zu sein. Geld gehört natürlich auch dazu, aber es kommt erst an dritter Stelle.
>
> Michael, 15 Jahre

> Glück ist, wenn ich zufrieden bin, wenn mich niemand dauernd korrigiert, wenn ich etwas Geld habe, aber nicht zu viel, wenn ich Arbeit habe und später einmal Kinder ... usw.
> Ich weiß nicht, ob ich dann mit mir zufrieden bin, ich möchte auch inneres Glück haben, wie Zufriedenheit und Gesundheit. So definiere ich mein persönliches Glück!
>
> Dorothee, 16 Jahre

> Meine Lebensvorstellung wäre so: Gesundheit, ein vernünftiges Gehalt, Spaß am Beruf usw. Aber wenn das Leben so wäre, wie man sich es wünscht, wäre es ja wohl nur langweilig. Ein problemloses Leben hat ja keinen Sinn. Man würde wenig Erfahrung von anderen Menschen sammeln. Glück ist für mich – genau wie jetzt leben.
>
> Nicolas, 15 Jahre

Arbeitsanweisung:

Es gibt sehr vielfältige Ansichten darüber, was man unter „Glück“ verstehen kann. Dies zeigen auch die oben angeführten kurzen Schüleräußerungen.
Schreibe, was du unter „Glück“ verstehst!

Ratschläge für die Bearbeitung

Das kannst du tun:		**Das erreichst du damit:**
1. Lies die Ansichten der Schüler auf dem Aufgabenblatt durch und stelle fest, welche Punkte du für deinen Aufsatz verwenden willst!	⇒	Du zeigst, dass du dich mit den Äußerungen intensiv beschäftigt hast und einige davon Grundlage für deine Ausführungen sind.
2. Beschreibe nicht nur die allgemeine Bedeutung der Punkte, für die du dich entschieden hast, sondern was sie für dich persönlich bedeuten!	⇒	Du kannst dem Leser so vermitteln, dass du dir über das Leben Gedanken machst und eigene Vorstellungen dazu hast.
3. Fasse deine Gedanken zum Thema „Glück“ in einem kurzen Schlussteil zusammen!	⇒	Damit machst du dem Leser klar, dass du Dinge nicht nur einzeln beschreiben, sondern auch sinnvoll zusammenfassen kannst.

Lösungsvorschlag

Meine Vorstellung von „Glück"

Durch die Bilder, die tagtäglich über das Fernsehen in unsere deutschen Wohnstuben gelangen, wird immer wieder deutlich, wie glücklich wir uns schätzen können. Diese Bilder zeigen Hunger, Elend, Krieg und Katastrophen in vielen Teilen der Erde. Jeder empfindet „sein Glück" jedoch höchst unterschiedlich.

Anfang letzten Jahres verlor einer meiner Schulkameraden innerhalb weniger Tage beide Eltern durch Tod. Wenn ich nun meine persönliche Situation mit seiner vergleiche, schätze ich mich sehr glücklich, dass ich noch beide Elternteile habe. Sie sorgen beide für mich. Meine Mutter weckt mich zum Beispiel jeden Morgen, damit ich rechtzeitig zur Schule komme. Sie kocht und bügelt für mich und garantiert mir darüber hinaus ein Leben ohne Sorgen. Und es ist so selbstverständlich, dass man denkt, es würde immer so weitergehen und nie aufhören. Mein Vater hat einen guten Beruf, den ich in Form eines monatlichen ordentlichen Taschengeldes zu spüren bekomme. Allerdings „verführt" mich diese Tatsache nicht dazu, nur „Sohn" zu sein.

In der Schule glänze ich durch Fleiß und Erfolg. Daher bin ich bestrebt, später einmal auch einen gut bezahlten Beruf zu ergreifen, um mir ein angenehmes Leben leisten zu können. Dazu gehören meinen Vorstellungen nach ein schönes Haus, ein schickes Auto und die Möglichkeit, in allen Ecken der Erde Urlaub machen zu können.

Damit dieses auch Wirklichkeit werden kann, muss ich jedoch über eine stabile Gesundheit verfügen. Ich glaube, die Gesundheit ist für mich das Wichtigste im Leben. Wenn man nicht gesund ist, muss man in vielen Situationen des Lebens persönliche Abstriche machen. Nicht umsonst heißt es: Die Gesundheit ist nicht alles, aber alles ist nichts ohne die Gesundheit.

Hätte ich drei Wünsche frei, würde ich mich folgendermaßen entscheiden: möglichst lange die Eltern zu haben, einen erfolgreichen Beruf zu ergreifen und im Besitz einer stabilen Gesundheit zu bleiben.

Hier kannst du üben:

1. **Übung zum Begriff „Glück"**
   Kreuze an, welche der folgenden Punkte im Beispielaufsatz genannt werden!

– Taschengeld	a	☐	– Familie	i	☐
– Haus	b	☐	– Beruf	j	☐
– Gesundheit	c	☐	– Freunde	k	☐
– Freizeit	d	☐	– sorgenfreies Leben	l	☐
– Unabhängigkeit	e	☐	– Erfolg	m	☐
– Freiheit	f	☐	– Auto	n	☐
– Eltern	g	☐	– Zufriedenheit	o	☐
– Urlaub	h	☐			

2. **Übung zur Verdeutlichung der eigenen Einstellung**
   Der Schreiber des Beispielaufsatzes hat noch beide Elternteile. Dies bezeichnet er als Glück für sich. Schreibe auf, was die Eltern für ihn tun:

   ____

   ____

   ____

3. **Übung zum Schluss**
   Schreibe auf, welche Punkte des Glücks der Schreiber im Schlussteil zusammenfassend nennt!

   a) ______________ b) ________________ c) ________________

Die Lösungen findest du auf Seite 228.

Lösungen: Zu Bildern schreiben

Thema: Mofafahren

Aufgabe a:

1. c
2. a
3. nachfolgender Verkehr, Verkehrshindernis, verkehrsfreie Fläche, Geschwindigkeit, Verkehrsregelung, Vollbremsung, Fahrzeuglenker, Gehsteig, Ausweichmanöver, Verkehrsteilnehmer, Gegenverkehr, Mitfahrer, Fahrbahn, Unfallrisiko
4. a

Aufgabe b:

1. b
2. 1. Leerzeile nach Zeile: 13 (... vorrückten.)
   2. Leerzeile nach Zeile: 24 (... hatte.)
   Höhepunkt vor der Zeile: 30
   Ausdrücke, die zum Höhepunkt passen:
   – die Rechnung gemacht ohne –
   – fuhr es mir erschrocken durch den Kopf –
   – in rascher Fahrt entgegen –
   – keine Zeit mehr –
3. b

Thema: Sonntag

Aufgabe a:

1. Einleitung: Zeilen 1–2
   Schluss: Zeilen 19–25
2. a) Der Schreiber beginnt mit dem Hintergrund.
   b) Junge am Fenster, Fernseher, Tisch mit Mutter und Mädchen, Vater im Sessel, Kleinkind mit Bauklötzen
3. schließen, lassen, sehen, erkennen, stehen, stecken, sehen, lehnen, anwinkeln, stützen, schauen, sich befinden, ragen, sitzen, nähen, liegen, schlafen, ruhen, thronen, liegen, lesen, spielen, entstehen.

Aufgabe b:

1. c
2. tapezieren, wird, stärken, macht, läuft, hören, wird übertönt, erzählen, gibt, hat, berichtet, trennen
3. Zeilen 30–32
4. Die Sätze stehen in
   a) Zeilen 13–14
   b) Zeile 18
   c) Zeilen 25–26
   d) Zeilen 27–28

Thema: Gleichberechtigung

1. Zeilen 1– 4
   b
   Zeilen 26–29
   c, d
2. Zeilen 12–13
   Zeile 20, 21
   Zeile 24, 25
3. a) Papa gießt den Kaffee ein.
   b) Mutter ist auch berufstätig.
   c) Papa besorgt die Einkäufe.
   d) Papa hilft beim Abwaschen.
4. Bild 1: Uhr – Bild 2: Kalender

Thema: Die Jacke

Aufgabe a:

1. b
2. linke Spalte: 2 6 1 2 – rechte Spalte: 6 2 4 3
3. c
4. flippig — kneifen
   hochstylen — Tag war gelaufen
   Frust — Outfit
5. Flop — Hit

Aufgabe b:

1. ☐ ☒
   ☒ ☐
   ☒ ☐
   ☐ ☒

2. sportlicher Typ – stehe auf Jeans – Jeans gerne eng – top in Form – schicke Extras – aufgemotzte Sachen – Romantiklook – erinnert an Kindergeburtstag – Disco – Gag – Trend – bin ich immer in – JuMo-Fans
3. Jeans (5) – weite Sachen (20) – enge Sachen (6, 20/21) – harmonisch (32) – gedecktere Farben (15) – figurbetont (6, 22) – grafische Muster (18)
   ja (13, 14) – ja (31) – ja (29) – nein (27) – ja (32) – ja (7, 24/25)
4. Modebewusstsein – Sportlichkeit – Harmonie

Thema: Reisen

Aufgabe a:

1. e
2. 3 2
   2 1
   1 2
   1 4
   4 2
   3 1
3. Im 2. Abschnitt: einen Spiegel vorhalten
   Im 3. Abschnitt: an den Pranger stellen
   Im 4. Abschnitt: aufs Korn nehmen
   Im 5. Abschnitt: auf die Schippe nehmen
   Im 6. Abschnitt: bloßstellen

Aufgabe b:

1. c
2. tatsächlich – enttäuscht – kurz entschlossen – betreten – gestikulierend – verstohlen – lachend – zaghaft – wortlos
3. Doch da kam alles ganz anders!
   Aber da erlebten wir eine große Überraschung!
4. positiv
   Er legt seinen Kommentar den Personen als wörtliche Rede in den Mund.

Thema: Haushalt

Aufgabe a:

1. b, c
   Horror-Trip-Haushalt
2. c
3. Hauptleidtragende – überfordert – unzufrieden – so kann es nicht weitergehen
   b
   Er nimmt wieder die Begriffe „Berg“ und „Horror“ auf.

Aufgabe b:

1. c, d, e, f, h, l
2. leicht – jüngere Kinder
   anspruchsvoller – ältere Kinder
   speziell, fachlich, gefährlich – Erwachsene
   c
3. c

Thema: Die Entscheidung

Aufgabe a:

1. treffen, wohnen, kommen, ist, haben vor, plaudern, machen, gibt, stöhne, habe Angst
2. – Ich bin von ihr so beeindruckt, dass ich das Verschwinden von Hans gar nicht bemerke.
   – Unbemerkt fährt er ebenfalls nach Hause.
   – Mit grimmiger Miene schwingt er sich auf sein Mofa, um das Auto seines älteren Bruders zu holen.
   – Er steigt aus und spricht Susi an.
   – Kopfschüttelnd fährt jeder davon.
3. „Nein“, „fahre, wohin du willst, ich möchte mit Klaus spazierengehen.“
   „Endlich sind wir allein“. „Diesen Angeber kann ich überhaupt nicht leiden. Dich finde ich nett, du bist so bescheiden.“
4. Seit heute weiß ich, dass es nicht großer Reichtümer bedarf, um die Zuneigung eines Menschen zu gewinnen.

Aufgabe b:

1. a
2. ehrlich, treu, gut aussehen, modisch gekleidet, zuhören können, sportlich, liebevolles und zärtliches Verhalten
3. a) gut aussehen
   modisch gekleidet
   sportlich
   zuhören können
   ehrlich
   liebevolles und zärtliches Verhalten
   treu

   b) Charakter

Thema: Medien

Aufgabe a:

1. Vater: bequeme Hose, Hausjacke, Lieblingssessel
   Sohn: sommersprossig, steht auf Rockmusik, Walkman, fetzige Rhythmen, auf dem Boden hockend
   Größere Tochter: auf dem Bauche liegend, schmökernd, selbstvergessen, Lovestory
   Kleinere Tochter: Micky Mouse, nach Disneyland gezaubert
2. Zeilen 15–21: verdüsterte Miene, missgestimmt
   Zeilen 22–28: verärgert, gute Laune vergangen
   Zeilen 29–39: zornig, gesalzene und gepfefferte Standpauke, wütend
3. e
4. c
   f, g

Aufgabe b:

1. b
2. 1. Großabschnitt: von Zeile 5–26
   2. Großabschnitt: von Zeile 27– 42
   a

3. a
   Vorteile: a, b, c, d, e, f
   Nachteile: b, e, g
4. a

Thema: Tier

Aufgabe a:

1. c
2. 1 zu 2: Der Hund sitzt nun im völlig verschlossenen Wagen.
   2 zu 3: Die nächste Stunde wird für ihn zur Qual.
   3 zu 4: Gesagt, getan.
   4 zu 5: Kurze zeit später treffen sie dort ein.
   5 zu 6: Die Polizisten fragen sie mit ernster Miene, ob sie die Besitzerin des Autos und des sich darin befindenden Hundes sei.

   Kinder: Zeilen 14–16, 16–17, 17–18
   Polizisten: Zeilen 28–30
3. Zeilen 25–34

Aufgabe b:

1. a) Hund (Dackel)
   b) Waldi
2. morgens: „Gassi führen", Morgenmahlzeit, frisches Wasser
   mittags: zweiter Ausgang, Hauptmahlzeit, Plastikknochen und Tennisball zum Spielen
   abends: dritter Ausgang, Bürsten des Fells, Durchsuchen des Fells auf Flöhe
3. a) Zeilen 28–31
   b) „Wer ein Tier besitzen will, muss für dessen Wohlbefinden ... sorgen!"

Thema: Konflikt

1. Konflikt zwischen Jugendlichen und einem älteren Mann
2. Kiosk zieht Menschen an – Alkohol – Getränke günstiger – für wenig Geld Unterhaltung und Spaß – Treffs arten aus
3. Alkoholverbot – Kontrollen – Kiosk wird geschlossen – Gespräch
4. Gespräch

Lösungen: Briefe schreiben

Thema: Der Fotoapparat

a)	☐	☒	g)	☒	☒	m)	☒	☒
b)	☒	☐	h)	☒	☒	n)	☐	☒
c)	☒	☐	i)	☒	☒	o)	☒	☒
d)	☒	☒	j)	☒	☐	p)	☒	☒
e)	☒	☐	k)	☐	☒	q)	☒	☒
f)	☒	☐	l)	☒	☐			

Thema: Das Fahrrad

Aufgabe a:

1. Markenname – Handgriffe – Sattel – Luftpumpe
   Lampe – Strahler – Schutzblech – Fahrradglocke
2. Name Ort, Datum
   Adresse
   Empfänger mit Adresse
   Betreff
   Anrede
3. Zeilen 1–2
   Zeilen 3–16
   Zeile 17
4. a, b, c, d, g

Aufgabe b:

1. 3, 4, 6, 5, 2, 1
2. Zeile 26, 27, 29, 31/32, 34
3. a, b, c, e, g, h, i

Thema: Der Collie

Aufgabe a:

1. – vor einigen Wochen
   – in einem verwilderten Gartengrundstück
   – ein Collie
   – verwahrlost
   – niemand kümmerte sich um das Tier
   – wurde rasend vor Hunger
2. arm, traurig, ungepflegt, teilnahmslos, verschmutzt, angekettet, rasend, verwahrlost, völlig verdreckt
3. schaute, meldete, zeigte, verbrachte, lag, aussah

Aufgabe b:

1. 4, 3, 2, 1
2. Einleitung: Zeilen 2–4
   Schluss: Zeilen 24–25
   – gemeinsame Ferientage – Hausaufgaben, Bello
3. Zeilen 5–10
   Zeilen 11–23
   Was macht „Klein Bello?“ – Bellt er noch soviel wie am Anfang? – Sicherlich ist er mittlerweile stubenrein, oder?

Thema: Geisterbahn

Aufgabe a:

1. Ihr, Ihre, Ihnen, Sie, Ihren, Ihnen, Ihre, Sie, Ihres
2. a
   Zeilen 1–3
   Zeilen 4–12
   Zeilen 13–14
3. Zeilen 4–11

Aufgabe b:

1. b
2. Zeilen 11–18

Lösungen: Inhalt angeben

Thema: Der unerwünschte Passagier

Aufgabe a:

1. – ein junger Mann
   – in Holländisch-Ostindien auf dem Flugplatz
   – will nach Amsterdam
2. 18: Auf dem Flugplatz
   35: Der junge Mann und sein Schicksal
   51: Die Besatzung wird flugunfähig
   73: Der junge Mann übernimmt das Steuer
   84: Die Landung
   1. Holländisch-Ostindien, junger Mann, Amsterdam, Gepäck, heruntergekommene Kleidung, Besatzungsmitglieder, Steaks
   2. Mitte des Rumpfes, der junge Mann, glücklich, während des letzten Krieges, Bomber geflogen
   3. etwa eine Stunde auf Kurs, erster Pilot, Übelkeit, Funker, in Krämpfen, Mechaniker, Steward, zweiter Pilot, Übelkeit
   4. der junge Mann, Kranken vom Sitz, Knüppel, Maschine, seinem Willen, Stewardess, Passagiere, Maschine in sicheren Händen
   5. Landung, eine Stunde später, auf unbekanntem Flugplatz, ärztliche Untersuchung, Fleischvergiftung, Stewardess, von Flugpassagieren gefeiert, Anstellung, erschöpft eingeschlafen
3. Zeilen 34–37

Aufgabe b:

1. a
2. Hautfarbe: Zeilen 8–13
   Frisur: Zeilen 14–18
   Kleidung: Zeilen 19–25
3. Er verneint: Man kann *nicht* danach urteilen!

Thema: Der Anruf

Aufgabe a:

1. 7 (... Lot)
2. 37 (Sicher ...)

Aufgabe b:

1. a, d, f
2. Ursachen für Umgangsfehler
   Einzelbeispiele dafür
   Schlussfolgerung aus den Beispielen
   Unterschiedliche Generationsbedürfnisse
   Unterschiedliche Fähigkeiten und Fertigkeiten
   Egoismus
   Aus diesem Beispiel wird deutlich, ...

Thema: Der Russe

Aufgabe a:

1. Kurzgeschichte – Der Russe – nach Herbert Berger
   Karl, Aussiedlerjunge aus Uralsk in Rußland –
   heimisch werden im fremden Land –
   Isolation wird durchbrochen –
2. sehnsüchtig
   Zufall
   nach kurzer Vorstellung
3. e

Aufgabe b:

1. a, f, g,

2.

	Sprache	soziale Sicherheit	soziale Bindungen
Kontakt	×		
Schule		×	×
Hemmung	×		
Spielplatz			×
Missverständnis	×		
Freundschaft			×
Verständigung	×		
Nachbarschaft			×
Arbeit		×	
Verein			×
Wohnung		×	

3. Aufgeschlossenheit – Toleranz – Durchhaltevermögen – Anpassungsfähigkeit

Thema: Mädchensache – Jungensache

Aufgabe a:

1. bis Zeile 17
   bis Zeile 34
   bis Zeile 55
   bis Zeile 62
   Überschriften:
   Stöbern auf dem Speicher
   Erinnerung an Detlefs 5. Geburtstag
   Weiteres Stöbern auf dem Speicher
   Jungensache, Mädchensache

2. Stichwörter
   I. Ute, Detlef, Speicher, Kisten, vergilbte Fotos, abgelegte Kleider, hochhackige Schuhe, Puppe
   II. 5. Geburtstag, Puppe, Onkel, hahaha
   III. Petroleumlampe, Detlefs Hose, Ute, Fleck, Mädchensache
   IV. Jungen- oder Mädchensache, Gardinen abnehmen, Auto waschen
3. Übung zur Einleitung
   – Ute und Detlef
   – herumstöbern
   – auf dem Speicher

Aufgabe b:

1. c
2. Bügeln, Auto waschen, Kochen
3. c

Thema: Ein Montagmorgen im Bus

Aufgabe a:

1. Kurzgeschichte – Ein Montagmorgen im Bus – Pattie Wigand – Busfahrer – unübliche Aufforderungen – Leute sprechen miteinander
2. Zeilen 5–11, 13–32, 44–48, 51–54
3. a, c

Aufgabe b:

1. b, c (Achtung, Warnruf, die Schürze)
2. Tut es sehr weh? Komm, ich helfe dir! (28, 29)
   anteilnehmend (28, 29)
   Die Kinder respektierten künftig die Frau und ihr Gärtchen.
3. Er verblüfft die Leute, indem er unerwartet etwas Nettes sagt.

Lösungen: Über eine Sache schreiben

Thema: Beruf

Aufgabe a:

1. Zeilen 1–4
   Zeilen 5–26
   Zeilen 27–32
   Lokomotivführer – Pilot – Säuglingsschwester – Kinderärztin
2. Tennisspieler – Fußballspieler – „Hairstylist"
3. ja

Aufgabe b:

1. c
2. Kreativität – Ausbildungszeit – Meisterprüfung – Aufwertung – ortsunabhängig – stetige Notwendigkeit
   Barbier – Haarschneider – Friseur – Hairstylist
3. Kreativität

Thema: Vor Gericht

Aufgabe a:

1. a, c, e,
2. Verletzter noch rechtzeitig gefunden – Reifenabdrücke – Lacksplitter und kleine Teile des Mofas – Gürtelschnalle der Lederjacke – Tatfahrzeug – Kurt L. schuldig – auf 45 km/h frisiert
3. keine eigenständigen Veränderungen – Veränderungen bringen Verkehrsteilnehmer in höchste Lebensgefahr – nur vom TÜV zugelassene technische Möglichkeiten – langsames und umsichtiges Fahren

Aufgabe b:

1. d, h, m, n
2. Kinder: Zeilen 6–12
   Radfahrer: Zeilen 15–21
   Autofahrer: Zeilen 24–30
3. Verkehrsunterricht – verkehrssicheres Fahrrad – Fuß vom Gas / umsichtiges Fahren

Thema: Polizei

1. b, c, d, e, f, g, h, i, n
   heute morgen – im Polizeirevier – ein Dreikäsehoch – weggelaufen – entwischt, als Opa im Keller war
2. sitze – geht – stehen – blicken – gibt – – ist – denke – kann
3. Zeile 6/7: wisse – gehöre – habe
   Zeile 9: friere – anfinge
   Zeile 23: sei gegangen – müsse
4. aufgelöst – strahlend – glücklich – rührselig – freundschaftlich

Thema: Helfen

Aufgabe a:

1. Zeilen 12/13
2. Zeilen 17–25
3. ging – schlief – vergaß – schrie – schien – sprang – schlug – blieb – kam – saß – roch

Aufgabe b:

1. 1903 – Stuttgart – Hilfsdienst auf Autobahnen und Bundesstraßen – ca. 4,9 Millionen
2. Zeilen 4–6
3. Zeilen 13–16

Thema: Heimat

Aufgabe a:

1. b, e
2. a, c, d, e, g, h, i, k, m, o
3. b, c, d

Aufgabe b:

1. a, b, c
2. Zeilen 5–8
   Zeilen 14–21
   Zeilen 10–12
   Zeilen 9, 30, 34–37
   Zeilen 37, 38–39, 41–46
   Zeilen 48–50
3. a
   ja

Thema: Unfall

Aufgabe a:

1. b, c, e,f
2. Zwischenfall beim Abendessen
   Hilfeversuche der Kinder zu Hause
   Hergang des Verkehrsunfalls
3. a, c, f
4. a, e

Aufgabe b:

1. 7 (Brot, Tasche, Treppe, Schule, Jogger, Affentempo, Straßenecke)
2. Er verwendet die Überschrift im Schlussteil.
3. 6/7, 19–24

Thema: Glück

1. a, b, c, g, h, j, l, m, n
2. Mutter weckt den Sohn – Mutter kocht und bügelt – Mutter garantiert ein sorgenfreies Leben – Vater gibt gutes Taschengeld
3. Eltern – Beruf – Gesundheit

Ihre Meinung ist uns wichtig!

Ihre Anregungen sind uns immer willkommen.
Bitte informieren Sie uns mit diesem Schein über Ihre Verbesserungsvorschläge!

Titel-Nr.	Seite	Fehler, Vorschlag

Bitte hier abtrennen

STARK

Zutreffendes bitte ankreuzen!

Die Absenderin/der Absender ist:

- ☐ Lehrer/in
- ☐ Fachbetreuer/in
  Fächer: ______
- ☐ Seminarlehrer/in
  Fächer: ______
- ☐ Regierungsfachberater/in
  Fächer: ______
- ☐ Oberstufenbetreuer/in
- ☐ Schulleiter/in
- ☐ Referendar/in, Termin 2. Staatsexamen: ______
- ☐ Leiter/in Lehrerbibliothek
- ☐ Leiter/in Schülerbibliothek
- ☐ Sekretariat
- ☐ Eltern
- ☐ Schüler/in, Klasse: ______
- ☐ Sonstiges: ______

Unterrichtsfächer: **(Bei Lehrkräften!)**

______

STARK Verlag
Postfach 1852
85318 Freising

10-VT8

Bitte ausfüllen und im frankierten Umschlag an uns einsenden. Für Fensterkuverts geeignet.

Kennen Sie Ihre Kundennummer?
Bitte hier eintragen.

Absender **(Bitte in Druckbuchstaben!)**

Name/Vorname

Straße/Nr.

PLZ/Ort

Telefon privat für Rückfragen

Geburtsjahr

E-Mail-Adresse

Schule/Schulstempel **(Bitte immer angeben!)**

(Bitte blättern Sie um)